Gustav Rasch

Das Victoriatheater und die Intriguen des Theaterunternehmers Cerf

Gustav Rasch

Das Victoriatheater und die Intriguen des Theaterunternehmers Cerf

ISBN/EAN: 9783744633246

Hergestellt in Europa, USA, Kanada, Australien, Japan

Cover: Foto ©ninafisch / pixelio.de

Weitere Bücher finden Sie auf **www.hansebooks.com**

Das Victoriatheater

und

die Intriguen des Theaterunternehmers Cerf.

Von

Gustav Rasch.
Dr. b. R.

Berlin.
Verlag von Gustav Bosselmann.
1860.

Nachdem der Theaterunternehmer Rudolph Cerf in ganz kurzer Zeit hintereinander drei Theater, die Theater in Villa Colonna, in der Charlottenstraße und in der Blumenstraße vollständig ruinirt hatte, beschloß er, ein viertes Unternehmen in größerem Umfange und mit größeren Mitteln zu beginnen. Er erwarb zu dem Zwecke das in der Münzstraße Nr. 20 belegene Grundstück für die Summe von 100,000 Thlr. Cerf ist bekanntlich ohne Mittel. Er wußte sich von der Dessauer Bank 150000 Thlr. Baugelder, eine Hypothek von 42000 Thlr. von der Preußischen Rentenversicherungsanstalt, und eine zweite Hypothek von 56,200 Thlr. von mehreren fürstlichen Personen und Banquiers zur Deckung der Kaufgelder zu beschaffen. Was für eine Reihe von Ränken und Intriguen er — der Mittellose — um solche Summen zu erlangen, in Bewegung setzte, darüber will ich hier schweigen, obschon ich vollständige Kenntniß davon habe; — ich könnte ein Buch darüber schreiben. Ich will in dieser meiner Denkschrift über das Victoriatheater nur eine Schilderung der Intriguen Cerf's gegen das Victoriatheater geben, und zu diesem Zweck bedarf es hier zur Einleitung nur einer kurzen und thatsächlichen Darstellung der Art und Weise, wie das Victoriatheater zu Stande gekommen ist; denn Cerf hat darüber die sonderbarsten Gerüchte in das Publicum zu bringen gewußt, als wenn er der reiche Mann gewesen, und von seinen Gläubigern um alle seine Habe betrogen wäre.

Es ging Cerf mit dem neuen Unternehmen, wie mit allen andern. Ohne alle Geschäftsübersicht und ohne jede Einsicht war er eines Tages mit den von der Dessauer Bank erborgten Geldern vollkommen fertig. Im Anfang des Jahres 1858 waren die Baugelder bis auf den letzten Thaler absorbirt. Das Theatergebäude war nicht einmal im Rohbau fertig, und wurde von den Ouvriers, welche bereits bedeutende Forderungen an Cerf hatten, liegen gelassen. Cerf ließ nun eine neue Hypothek von 50,000 Thlr. auf sein Grundstück eintragen. Er wußte die Dessauer Creditanstalt dahin zu vermögen, dieser Hypothek eine Pricrität vor den 150,000 Thlrn. zu bewilligen, und dachte durch Versilberung dieser Hypothek sich neue Mittel zu verschaffen.

Es gelang ihm aber nicht, die Hypothek zu versilbern. Es war im Anfang des vorigen Jahres; die politischen Weltverhältnisse sahen sehr drohend aus, die Zeiten, wo er von dem Bankpräsident Nulandt 150,000 Thlr. zu erlangen wußte, waren lange vorüber. Da wandte sich Cerf an die Gnade des Prinz-Regenten. Der Ruin sämmtlicher Ouvriers, welche bereits große Forderungen an Cerf hatten, war unvermeidlich, wenn der Bau nicht fortgesetzt wurde, der Bau selbst fing an zu verfallen und drohte, zur Ruine zu werden. Cerf hatte mit seinem Immediatgesuch einen günstigen Moment getroffen. Durch den in Italien beginnenden Krieg zwischen Oesterreich und Frankreich war eine Stockung in allen industriellen und commerziellen Unternehmungen eingetreten. In Berlin wurde eine allgemeine Arbeitslosigkeit unter den Handwerkern und Arbeitern befürchtet. Cerf wußte in seinem Immediatgesuche alle diese zufällig zusammentreffenden Umstände geschickt zu benutzen, und der Prinz-Regent beauftragte, um den vollkommenen Ruin des Gebäudes, dem die Administration und gerichtliche Subhastation bevorstand, und insbesondere den unvermeidlichen Ruin der Handwerker und Ouvriers, welche den größten Theil ihrer Mittel und ihres Vermögens in das Unternehmen gesteckt hatten, zu verhindern, den Hrn. Branddirector Scabell durch Cabinetsordre, die Mittel zur Fortführung des Baues zu beschaffen.

Die Banquiers v. Magnus, Brüstlein und Oppenfeld erklärten sich nun auf Veranlassung des Herrn Branddirector Scabell bereit, die Summe von 40,000 Thlr. zu Allerhöchster Disposition zu stellen, indem der Prinz-Regent die Verzinsung und die Amortisation dieser Summe garantirte, und eine Vorschußzahlung der Logenmiethe für die Königlichen Logen mit 50,000 Thlr. genehmigte. Es geschah dies aber von Seiten des Prinz-Regenten und von Seiten der Banquiers ausdrücklich nur unter der Bedingung, daß der Herr Brandbirector Scabell als Königlicher Specialcommissarius zur Sicherung dieser großen Darlehne und zur Sicherung der noch größern Forderungen der Ouvriers und Lieferanten die Vollendung des Theaterbaues und die Verwaltung des Instituts auf sechs Jahre zu übernehmen habe. Mit den Ouvriers wurde Seitens des Herrn Brandbirector Scabell ein Vertrag geschlossen, durch den sie sich verpflichteten, die noch fehlenden zu 125,000 Thlr. veranschlagten Arbeiten wieder aufzunehmen und bis zum 1. December 1859 zu Ende zu führen, wenn ihnen 50,000 Thlr. baar, der Rest aber durch jährliche Abschlagszahlungen von 4700 Thlr. und durch die Valuta einer der den Gesammt-Ouvriers zu bestellenden Hypothek von 50,000 Thlr., welche mit Vollendung des Baues zahlbar sein solle, bezahlt würden. Die Ouvriers gingen auf diese Bedingungen ein, stellten aber als Grundlage der Unterzeichnung ihres Vertrages die erste und Hauptbedingung, daß bis zur gänzlichen Befriedigung der Unternehmer aus den Einnahmen des Theaters das Victoriatheater nicht durch Cerf, sondern durch den Herrn Brandbirector Scabell auf Grund eines zwischen ihnen abzuschließenden Vertrages selbstständig verwaltet werden solle. Die Dessauer Creditanstalt bewilligte den Ouvriers mit ihrer Hypothek ein Vorzugsrecht vor der ihrigen, und verpflichtete sich, die eigne Hypothek nicht vor dem 1. Januar 1866 zu kündigen, ebenfalls unter der ausdrücklichen Bedingung, daß der Herr Brandbirector Scabell das Theater fertig baue und dasselbe bis zum 1. Januar 1866 selbstständig ohne alle Einmischung des Cerf verwalte. So groß war das Mißtrauen aller contrahirenden Partheien gegen Cerf, daß jede ihre Mitwirkung zur Vollendung des Baues nur unter der erwähnten ausdrücklichen Bedingung zusagte.

Als nun alle contrahirenden Partheien über diese Grundlage ihrer Mitwirkung und über die zu gebenden Summen einig waren, wurden zwischen den Gläubigern des Victoriatheaters, als deren gemeinschaftlicher Vertreter der zum Königlichen Spezialcommissar bestellte Herr Branddirector Scabell fungirte, und dem Schuldner und Concessionsinhaber folgende zwei Verträge geschlossen:

Der eine Vertrag lautete dahin, daß der Theaterunternehmer Cerf seinen Gläubigern, den Ouvriers, den Banquiers und der Krone sämmtliche Grundstücke und den Betrieb des Victoriatheaters für die erhaltenen enormen Darlehen auf sechs Jahre mit der Maßgabe verpfändete, daß die Verwaltung von Seiten des Herrn Branddirectors Scabell während dieser sechs Jahre, und ohne daß der ganz unfähige Concessionsinhaber in die Verwaltung hinein zu reden habe, selbstständig geführt werde. Dem Cerf wurde das Recht, Anträge zu machen und von Allem Kenntniß zu nehmen, vorbehalten. Er erhielt ferner, als Inhaber der Concession ein Jahrgehalt von 1500 Thlr. nebst einer freien Wohnung, welche auf ungefähr 250 Thlr. veranschlagt wurde. Endlich wurden seine sämmtlichen Schulden bezahlt. Mit dem Pfandvertrag wurde ein Schuldentilgungsplan verbunden, nach dem die Schulden des Grundstücks in den laufenden sechs Jahren in einzelnen Abzahlungen getilgt werden sollten.

Der zweite Vertrag wurde zwischen dem Königlichen Specialcommissar, als den von sämmtlichen Gläubigern bestellten amtlichen Vertreter, und den Ouvriers und Lieferanten des Theaters geschlossen. Er lautete dahin, daß Ersterer ihnen 50,000 Thlr. von den durch die Krone gemachten Darlehen in drei einzelnen Raten auszahlte, der Concessionsinhaber ihnen eine auf den Grundstücken eingetragene Hypothek von 50,000 Thlr. bestellte, und ihre übrigen Forderungen in einzelnen Ratenzahlungen von 4700 Thlr. aus den Einkünften des Grundstücks Seitens der Verwaltung getilgt werden sollten.

Der Theaterunternehmer Cerf war mit sämmtlichen Verträgen vollständig einverstanden. Er vollzog sie mit seiner Namensunterschrift. Er war sogar derjenige gewesen, der die

Pläne zu diesen Verträgen entworfen, sie selbst eingereicht, und sich alle erdenkliche Mühe gegeben hatte, das Zustandekommen derselben zu bewirken. Ich erwähne dies nur, weil dies Subject, nach Auszahlung der dargeliehenen Summen und nach dem Zustandekommen der Verträge, die Meinung zu verbreiten sich bemüht hat, als wenn er von dem Hausministerio, den Ouvriers und den Banquiers zum Schließen dieser Verträge inducirt und sogar gezwungen worden sei.

Das ist die einfache und thatsächliche Geschichte der über das Victoriatheater geschlossenen Verträge, über welche Cerf sich angestrengt hat, die wunderbarsten Gerüchte zu verbreiten. Als Cerfs Schulden nun mit 6000 Thlr. bezahlt, als die Finanzverhältnisse des Gebäudes durch den Königlichen Commissarius geordnet waren, und der Bau seiner Vollendung mit raschester Eile entgegen ging, als dann Cerf während der Dauer der sechsjährigen Periode des Vertrages ein jährliches Einkommen von 1500 Thlr. und eine schöne und bequeme Wohnung, ohne Zahlung jedes Miethszinses bewilligt war; da, hätte man glauben sollen, wäre Cerf von Dank gegen seine Wohlthäter erfüllt gewesen, und hätte sich alle mögliche Mühe gegeben, das Interesse des Victoriatheaters zu fördern.

Diese Gedanken hat Cerf niemals gehabt. Schon während des Zustandekommens des mit dem Kronfideikommiß geschlossenen Vertrages faßte er seine Entschlüsse. Sie bestanden darin, keinen Vertrag zu halten, seine Schulden bezahlen, sich das Theater fertig bauen zu lassen, und sich sodann auf jede Weise und mit Anwendung aller möglichen Mittel wieder in den Besitz des Gebäudes zu setzen. Wer Cerf kennt, kann sich über derartige Pläne nicht wundern. Cerf hat während seines ganzen Lebens noch nie einen Vertrag, noch nie ein Versprechen gehalten. Er schließt Verträge, und giebt Versprechungen, nur um die Gegenleistungen Anderer in Empfang zu nehmen, und sein Wort nicht zu halten. Ich berufe mich auf Alle, die jemals mit ihm in geschäftlicher Verbindung standen, ob ich nicht die Wahrheit spreche? Ich berufe mich auf das Zeugniß des Oberbaurath Langhans, der den be-

kannten Prozeß, wegen des Honorars für die Pläne, nach
denen das Victoriatheater gebaut ist, jetzt nach zweijähriger
Mühe und Anstrengung gewonnen hat. Der Prozeß ist voll
der schlagendsten Beispiele Cerf'scher Chicane, dem Kläger
sein Recht streitig zu machen. Es gab eine Zeit, wo Cerf,
während seiner Theaterführung in der Charlottenstraße, viele
Wechsel discontirte. Das Mißtrauen gegen ihn war so groß,
daß jeder Wechselkäufer einen Cerf'schen Wechsel immer erst
durch drei oder vier Sachverständige prüfen ließ, ehe er die
Valuta bezahlte, weil er wußte, daß dem Cerf jeder Form=
fehler recht war, um seiner Verbindlichkeit zu entgehen. „Laß
mir die Kerle nur erst das Theater fertig bauen, dann gebe
ich ihnen Allen einen Fußtritt und werfe sie hinaus", waren
die Worte, die er einmal unvorsichtiger Weise äußerte, und
die seinen Plan und seine Denkweise vollständig characterisiren.
Er meinte mit „den Kerlen" den Königlichen Kommissarius
und die Räthe des Ministeriums des Königlichen Hauses.

Sein Plan zerlegt sich in eine Reihe von Anstrengun=
gen, welche er seit Eröffnung des Theaters gemacht hat, und
die in ihrem Zusammenwirken das gewünschte Resultat her=
vorbringen sollten. Der Plan war mit vieler Geschicklichkeit,
Schlauheit und Ueberlegung geschlossen, und ist nur bis jetzt
an der Energie und Festigkeit des Königlichen Commissarius
gescheitert, der das im Victoriatheater steckende Vermögen der
Krone, der Banquiers und der Ouvriers zu verwalten und
zu verwahren hat, und dies bis jetzt mit der größten Treue
that. Als Herr Brandbirector Scabell das Commissorium
in Betreff des Theaters übernahm, kannte er den Character
Cerf's nicht. Er würde sich sonst zweifelsohne gehütet ha=
ben, in irgend eine geschäftliche Verbindung zu einem solchen
Subject zu treten. Er hielt ihn für einen verkehrten und
confusen Menschen; von seinem eigentlichen Character hatte
er keine Ahnung. Ich habe dem Herrn Brandbirector Scabell
im September v. J., wo ich denselben kennen lernte, und er
mir den Bau des Theaters zeigte, zuerst eine Schilderung des
Cerf'schen Characters und seines früheren Lebens entworfen.

Sein Staunen wuchs von Minute zu Minute, und ich hatte die bündigsten Beweise nöthig, um ihn von der Wahrheit und Richtigkeit meiner Ansichten zu überzeugen. Ein Mann von großem Verstande ist aber Cerf durchaus nicht. Er ist nur zu kleinen Intriguen und Kniffen und zu der Ausführung der Pläne Anderer fähig. Für den intellectuellen Urheber aller seiner weittragenden, und mit Verstand und Nachdenken zurechtgelegten Pläne halte ich deshalb einen Andern. Dieser Andere ist sein Schwiegervater, der Stadtgerichtsrath Willberg. Ich nehme nicht im mindesten Anstand, dies öffentlich zu erklären. Ich habe für meine Behauptungen triftige Beweise.

Der Hauptzug in dem Cerf'schen Plane, sich wieder in den Besitz der der Krone verpfändeten Grundstücke zu setzen, bestand in der Entfernung des Herrn Branddirector Scabell. Er wußte, daß, nachdem ihn dieser Mann erkannt hatte, eine jede Vereinbarung mit demselben unmöglich war, und, so lange derselbe als Königlicher Commissarius das Theater verwaltete, alle seine Pläne scheiterten. Wie er diesen Hauptstreich auszuführen gedachte, werde ich später erzählen; es mußten dazu eine Reihe von Vorbereitungen getroffen werden, welche direct und indirect auf dies letzte Ziel hinwirken sollten.

Die Verwaltung des Theaters mußte zuerst in der öffentlichen Meinung sinken, und das Theater discreditirt werden. Er hatte dann ein Recht, von der schlechten Verwaltung zu sprechen, sich darüber zu beklagen und das Hausministerium gegen den Königlichen Commissarius in Harnisch zu bringen. Nach dieser Richtung hin hat Cerf alles Erdenkliche seit fünf Monaten gethan. Das Fiasco, welches die Eröffnung des Theaters machte, und welches er doch höchstens dem technischen Director, Herrn Cornet, aufbürden konnte, — wenn überhaupt das Mißfallen einiger Stücke, was sich im vorigen Sommer im Wallnerschen Theater oft täglich wiederholte, ein Fiasco zu nennen ist —, den er selbst engagirt hat, warf er dem Königlichen Commissarius vor, und erschöpfte sich darüber bei dem Hausministerium in Eingaben und Beschwerden, welche alles Maaß überschritten. Er ging in den Kneipen und Caffeehäusern umher, und klagte Jedem, der ihn anhören wollte, seine Noth und sein Elend. Er weinte. Cerf kann weinen, und wenn alle Vorstellungen seinerseits, alle Versprechungen, Bitten, Drohungen nichts helfen, dann weint er. Wenige Tage nach der Eröffnung des Theaters erfolgte die Eröffnung der italienischen Oper. Cerf hatte die Italiener in Hotel b'Hambourg, wo er täglich verkehrte, singen hören; er konnte den Erfolg der Oper im Voraus berechnen. Mit dem Erfolg der Oper war sein Plan, das Theater in der öffentlichen Meinung zu discreditiren, zu nichte. Was that er? Er hatte Signor Lorini, Carion und Frizzi kennen gelernt. Er schloß mit ihnen, welche keine Ahnung von seinem Character haben konnten, Freundschaft, und theilte ihnen mit, daß das Victoriatheater bankerott sei, und sie nur dazu engagirt seien, das Theater vor dem Bankerott zu retten, widrigenfalls sie auf Erfüllung ihrer contractlichen Rechte nie Hoffnung hätten. Die Italiener sind immer mißtrauisch gegen die Deutschen; sie glaubten ihm und kamen eines Tages in größter Bestürzung zu Herrn Director Cornet, um ihm ihre Angst mitzutheilen und ihm zu erklären, daß sie nicht singen, sondern sofort wieder abreisen würden. Herr Cornet lief zu dem Königlichen Commissarius und dieser beschwichtigte ihre Angst und nahm ihnen jedes Mißtrauen, indem er Herrn Lorini sofort eine Summe von 3000 Thlr. auszahlte. Damit war diese perfide Intrigue geschlagen, die Oper nahm an glänzendem Erfolg von Tage zu Tage zu, machte dem Victoriatheater in wenigen Monaten einen europäischen Namen, und machte es dem Königlichen Commissarius möglich, das erste Quartal seiner Verwaltung mit der enormen Einnahmesumme von 60,000 Thlr. und mit einem Ueberschuß im Betriebe von 15,000 Thlr. — nach Abrechnung der bedeutenden Unkosten für Decorationen, Mobilien u. s. w. zu schließen, welche Summe er zur Vollendung des Baues des Wintertheaters verwandte. Während das Victoriatheater mit der Oper täglich neue Erfolge errang, und die andern Berliner Theater leer standen, blieb Cerf indeß nicht unthätig. Er war unermüdlich in seinen Angriffen und Intriguen. Er lernte den Schriftsteller Arthur Müller kennen, der sein Lustspiel „die Verschwörung der Frauen in Breslau" geschrieben hatte, und dies dem Victoriatheater einreichen wollte. Durch alle nur erdenklichen Vorspiegelungen bewog er denselben, das Stück zurückzuziehen, und es dem Friedrich Wilhelmstädtischen Theater einzureichen. Er setzte sich mit einigen hiesigen Zeitungen in Verbindung, und wußte unter irgend einer Form alle vierzehn Tage einen Artikel hineinzuschmuggeln, worin es hieß, daß der Königliche Kommissarius sein Amt niederlegen werde. Er wußte, daß jeder derartige Artikel den Credit des Theaters und das Vertrauen des Publikums erschüttern werde. Er schimpfte alle Tage auf die Verwaltung, und seine Freunde und Anhänger thaten Alles, was in ihren Kräften stand, Gerüchte und Verläumdungen zu erfinden und weiter zu verbreiten. Cerf hat viele Anhänger in Berlin — das Lumpengesindel, was jede große Stadt in Masse zum Vorschein bringt, die Schwindler, welche den Schwindel und den Betrug für ein Talent und für eine Ehre halten, welche den Bankerotteur preisen, der aus einem betrügerischen Bankerott als reicher Mann hervorgeht, die dunkeln Existenzen, welche sich Abends und Nachts an verrufenen Orten umhertreiben; sie alle priesen ihn als einen großen Mann, weil es ihm gelungen sei, den Bankpräsidenten Rulandt um 150,000 Thlr. zu kränken, und einen Bau soweit zu führen, daß hundert Handwerker und Arbeiter, welche ihr kleines Vermögen und ihre Arbeitskräfte in die Unternehmung gesteckt hatten, um Alles, was sie besaßen, gebracht worden wären, wenn die Regierung sie nicht dadurch gerettet hätte, daß sie die Mittel hergab, um das Theater fertig zu bauen. Sie alle ärgerten sich, daß der Schwindel einmal nicht triumphiren sollte, und standen ihrem würdigen Genossen in Erfindung und Verbreitung von Gerüchten und Lügen würdig zur Seite. Er verschaffte sich ein Rechtsgutachten, nach dem der Vertrag, den er mit dem Kronfideicommiß geschlossen hatte, nicht rechtsbeständig sein sollte, behauptete, daß er zur Unterzeichnung eines solchen Vertrages inducirt und sogar gezwungen sei, und scheute sich nicht zu erklären, daß das Königliche Hausministerium die Allerhöchste Cabinetsordre vom 28. Mai so mißbrauche, ihn seiner Habe zu berauben und ihn und seine Familie an den Bettelstab zu bringen. Was soll man zu einer so frechen Verläumdung sagen, wenn man weiß, daß, als Cerf nach der Vollziehung des Vertrages vom 16. Juni bei dem Königlichen Hausministerio gegen die Vollziehung des Vertrages protestirte und behauptete, der Vertrag sei ungesetzlich und erzwungen, ihm Seitens des Hausministerii eröffnet wurde, daß jeder Vertrag von der freien Bewilligung beider Contrahenten abhängig sein müsse, und es ihm vollständig freistellte, von dem Vertrage wieder zurückzutreten, und daß Cerf dann in einer zweiten notariellen Erklärung den Vertrag in allen Punkten neuerdings anerkannte, und sich aller Einwendungen begab? Trotzdem derartige Behauptungen mit der größten Frechheit aufzustellen, dazu ist nur Cerf im Stande.

Um seinen Hauptstreich gegen das Theater und gegen den Königlichen Commissarius auszuführen, und dadurch das Victoriatheater wieder in seine Gewalt zu bekommen, mußte er ferner vorher bem Königlichen Hausministerium die Verwaltung so zuwider wie möglich machen, den Geschäftsgang in jeder Art und Weise erschweren, den Brandbirector Scabell in der öffentlichen Meinung verdächtigen, ihn in jeder Weise herabsetzen und den Minister des Innern auf den Gedanken bringen, daß die Stellung des Letztern als Brandbirector mit seiner Stellung als Königlicher Commissarius unvereinbar sei. Hierzu benutzte er besonders die Zeit der italienischen Oper. Seine Beschwerden über den Königlichen Kommissarius bei allen Behörden waren zahllos. Er beschwerte sich alle Tage, die Beschwerden waren in dem frechsten, unehrerbietigsten Tone, selbst gegen das Ministerium geschrieben, und enthielten die unsinnigsten Dinge. Um einen Begriff von diesen unsinnigen Beschwerden zu geben, will ich nur erwähnen, daß er sich an einem Tage viermal beschwerte, weil der Herr Branddirector den Hausinspector des Theaters im Hause wohnen, weil er den Inspicienten dort schlafen lasse, weil er nicht den Dekorationsmaler Martin — dessen Thätigkeit, Fleiß und Talent doch wohl über jeden Zweifel steht — zwinge, von Morgens 7 Uhr bis spät Abends ununterbrochen auf dem Malerboden zu sein, und weil — es klingt in der That zu lächerlich — er oft den Ausdruck gebrauche: „Geld spielt bei Mir keine Rolle". Cerf lief im Theatergebäude umher, hetzte die Arbeiter auf, insultirte die Beamten, und beschwerte sich in der kläglichsten Weise, wenn die Beamten Befehl erhielten, ihn hinauszuweisen, daß der Branddircetor ihn aus seinem Eigenthum hinauswerfe. Er insultirte den Logenmeister, einen höchst bescheidenen und ruhigen Mann, während der Vorstellung in der empörendsten Weise, und hatte es nur der Ruhe dieses Mannes zu verdanken, daß derselbe ihn nicht an den Kragen faßte, und hinauswarf. Trotzdem mußte der Vorfall als Grundlage zu einer neuen unsinnigen Beschwerde dienen. Daß selbst dem thätigsten und fleißigsten Decernenten im Hausministerio auf diese Weise die Angelegenheiten des Victoriatheaters zu wider werden mußten, ist leicht ersichtlich. Cerf verschonte selbst den Prinz-Regenten nicht mit Immediatgesuchen, welche nichts wie Beschwerden der unglaubwürdigsten und unsinnigsten Art über den Specialcommissarius enthielten. Der Branddirector erhielt oft alle Tage anonyme Briefe voll gemeiner Schmähungen, nichtswürdiger Drohungen, obscöner Witze und Drohungen mit Denunciationen von Criminalverbrechen. Seit den letzten sechs Wochen hat Cerf ein ganz neues Mittel erfunden, dem Specialcommissarius den Geschäftsgang zu erschweren. Er geht mit irgend einem beliebigen Menschen, dem er Geld schuldig ist, oder Geld schuldig sein will, zum Schiedsrichter, und erkennt dort im Wege des Vergleichs die Schuld an. Aus einem schiedsrichterlichen Vergleich hat bekanntlich der Gläubiger das Recht, im Wege der Execution die qu. Summe mit Beschlag zu belegen. Er sagt alsdann seinem wirklichen oder fingirten Gläubiger: „Ich bin bereit, dich zu bezahlen, der

Brandbirector Scabell verwaltet mein Theater, hat eine gefüllte Kasse und die Einnahmen gehören mir. Belege sie mit Beschlag und klage die Einnahmen ein." Der Gläubiger wendet sich ans Stadtgericht, und dasselbe ist genöthigt, auf Grund dieser unwahren Vorspiegelungen eine Arrestlegung im Wege der Execution gegen den Königlichen Commissarius zu veranlassen und dem Petenten die Autorisation zur Klage zu ertheilen. Daß die Klage nie zu einem Resultat führen kann, und dem auf diese Weise hintergangenen Gläubiger eine Menge der unnützesten Kosten entstehen, weil die Einnahmen des Theaters durch den antichretischen Pfandvertrag bereits auf sechs Jahre der Krone verpfändet worden sind, ist Cerf natürlich gleichgültig; es liegt ihm ja nur daran, dem Königlichen Commissarius den Geschäftsgang zu erschweren. Er hat diese Angriffe während der letzten Wochen auf Höhe enormer Summen in Bewegung gesetzt.

Das Alles war aber noch nicht genügend, um seinen Hauptstreich mit Hoffnung auf Erfolg wirksam in Scene setzen zu können. Cerf bedurfte dazu mehr. Er dachte sich, daß, wenn es ihm gelänge, den Königlichen Commissarius öffentlich mit Schmutz zu bewerfen, wogegen er sich, in seiner Stellung als Königlicher Beamter, ebensowenig wie der Generalintendant der Königlichen Schauspiele, Herr Kammerherr von Hülsen, öffentlich vertheidigen könne, denselben zu verdächtigen und zu beschimpfen, daß derselbe dann genöthigt sei, selbst sein Amt niederzulegen, um diesen schmutzigen Angriffen zu entgehen. Ich habe bis jetzt in der Beschreibung der Cerf'schen Intriguen nur Thatsachen erzählt, ich habe mich alles Urtheils, um nicht tendenziös zu erscheinen, enthalten; hier aber erkläre ich, daß mir die deutsche Sprache keinen Ausdruck bietet, um die Intensität meiner Verachtung und Indignation über ein derartiges Manöver auszudrücken. Zur Ehre der Redactionen aller hiesigen großen Zeitungen muß ich im Voraus erklären, daß sie sich mit Verachtung von diesen elenden Insinuationen abgewandt haben, und es dem Cerf nie gelang, auch nur einen einzigen derartigen Artikel in ihre Spalten hineinzubringen, trotz jeder List, die er anwandte. Ich berufe mich auf das Zeugniß des Herrn Dr. phil. S. Gumbinner, Redacteur der Spener'schen Zeitung, über die Mittel, welche er versucht hat. Dennoch fand Cerf bei drei hiesigen Blättern seine Leute. Es sind der Publicist, die Gerichtszeitung und der Charivari. Es giebt hier in Berlin, wie in allen großen Städten, Menschen, welche für Bezahlung Alles schreiben, was man will, welche für Geld die Ehre Anderer beschmutzen, und sich dingen lassen wie ein Bravo. Ihnen fehlt nur der Muth des Bravo; denn sie wissen ihre Schmähartikel so einzurichten, daß sie den Beleidigten sicher verletzen, ohne daß das Strafgesetz auf sie angewendet werden kann. Der Correspondent der Gerichtszeitung, dessen sich Cerf für diese Zwecke bediente, ist mir persönlich ganz genau bekannt. Ich will ihn hier indeß nicht öffentlich nennen, weil ich überzeugt bin, daß er für sein Arbeiten von Cerf kein Geld erhalten hat. Er verachtet Cerf ebenso, wie ich ihn verachte, aber er leistete ihm diese Dienste aus einer eigenthümlichen Liebhaberei zum Scandal und zu persönlichen Angriffen dieser Art. Psychologisch ist mir dies immer ein Räthsel gewesen. Wenn Jemand andere politische Ueberzeugungen, als die seinigen, vertritt, so ist dies erklärlich, weil er große Zwecke und Ziele hat. Wie Jemand sich aber mit dem Schmutz befassen kann aus einer eigenthümlichen Liebhaberei zu diesem Schmutz, ist mir ein Räthsel. Die Artikel wurden wider den Willen des Verlegers, des Herrn Verlagsbuchhändler Behrend, der darüber oft in Entrüstung gerieth, in das Blatt hineingeschmuggelt. Der Mitarbeiter des Publicist, den sich Cerf gewann, ist mir ebenfalls bekannt. Sein Name ist aus einem in Deutschland bekannten politischen Prozesse mit Schmach bedeckt. Zu Herrn Thiele glaube ich aber auch die Ueberzeugung aussprechen zu können, daß die meisten derartigen Schmähartikel in den Publicist ohne sein Wissen eingeschmuggelt worden sind. Es geschah dies zweimal mit dem Preußischen Volksblatt, obschon der Redacteur, Herr Dr. H. Keipp, weil er den Herrn Brandbirector Scabell und seine amtliche Thätigkeit hochschätzte, und die Erbärmlichkeit der Intrigue durchschaute, sich derartige Artikel energisch verbat. Der Verfasser der Artikel wartete deßhalb zweimal den Zeitpunkt ab, wo der Redacteur verreist war, und schmuggelte an diesen beiden Tagen seine Schmähartikel in das Blatt. Einen aber, der sich dem Cerf für seine Zwecke für Geld mit Leib und Seele verdang, will ich hier öffentlich nennen, weil er sein Geschäft mit größter Schamlosigkeit und principiell betrieben hat und noch heute dreimal wöchentlich betreibt. Es ist der Redacteur des Charivari, Held. Held ist seit zehn Jahren bei seinen früheren Parteigenossen verachtet, in Berlin geht kein Mann von Ehre mit ihm um. Das elende Blatt, welches er redigirt, ist immer voll von persönlichen Schmähungen und frechen Angriffen gegen Personen und Behörden, welche er frecherweise in den Mantel des Liberalismus zu kleiden versucht. Mit diesem schloß Cerf eine innige Allianz, und alle feige Gesellen, welche den Branddirector Scabell beneideten, denen seine vielfache, rastlose Thätigkeit aus irgend einem egoistischen Grunde zuwider war, oft Menschen, welche in seinen eigenen Bureaus saßen, sandten heimlicherweise oder anonym ihre boshaften Artikel ein, um auf irgend eine der Amtsführungen des Branddirectors einen Schatten zu werfen. Zuerst debutirte der Charivari mit einem langen Feuilleton-Artikel: „Enthüllungen über das Victoriatheater." Der Artikel war sehr geschickt geschrieben, und gehört in die Reihe jener perfiden Artikel, wo das Wahre mit dem Falschen so künstlich vermischt ist, daß nur der Wohlunterrichtete beide Elemente herauszufinden vermag. Ein einziger Satz enthält oft drei wahre Thatsachen, welche mit drei falschen oder erlogenen so zusammen gewürfelt sind, daß man gar nicht an der Wahrheit zweifelt. Zu dem Artikel hat der Stadtgerichtsrath Willberg das Material hergegeben, und es bis zu einem gewissen Punkte verarbeitet. Held hat es dann nochmals übergearbeitet, und für diese schmachvolle Arbeit 15 Thlr. erhalten, welche ihm Cerf thalerweis verabreicht hat.

Ich berufe mich auf das Zeugniß des Hofrath Borck, wie schmählich eine ihn betreffende Thatsache der unbedeutendsten Art dort dargestellt und ausgebeutet war. Als der Artikel beendet war, den Cerf sich alle Mühe gab, in Hofkreisen durch andere Personen zu verbreiten, drohte Cerf dem Königlichen Commissarius, den Artikel als Broschüre erscheinen zu lassen, falls er sich nicht mit ihm vereinbare. Er erhielt natürlich darauf keine Antwort. Dann begann der Charivari in einer Reihe von Schmähartikeln die amtliche Thätigkeit des Branddirectors zu bemängeln, und versuchte, ihm Nachlässigkeiten u. s. w. nachzuweisen, immer auf das von Cerf gesteckte Ziel lossteuernd, daß das Königliche Commissariat unvereinbar mit dem Amte eines Branddirectors sei. Jeder Artikel war giftig und boshaft, aber immer so gefaßt, daß er mit den Strafgesetzen nicht collidirte. Einmal vergaß sich Held, überschritt diese Schranke und wurde zu 50 Thlr. Geldbuße oder drei Wochen Gefängniß verurtheilt. Bis jetzt hat er sich geweigert, das Erkenntniß im Charivari abzudrucken. Doch, ich will zu Ende damit kommen; die Thatsachen kümmern mich nicht, es liegt mir nur daran, das Schmähliche in der Intrigue nachzuweisen. Welch ein Haufen von Schande und moralischer Verworfenheit, sich von einem Subjecte, wie Cerf, aus den unlautersten Motiven dingen zu lassen, einen Mann von Ehre mit Schmutz zu bewerfen! Held weiß recht gut, daß, indem ich nur diese Seite seines schmachvollen Handels erzähle, ich ihn schone. Ich habe mich in den Stand gesetzt, um mit ihm zu Ende zu kommen, auch eine andere Seite kennen zu lernen. Auch Herr Dr. jur. Eichhoff sollte gegen den Königlichen Commissarius in Bewegung gesetzt werden. Ich erfuhr dies, setzte Herrn Eichhoff von der wahren Sachlage und der schmachvollen Intrigue in Kenntniß, und mit Verachtung wandte er sich von solchen Subjecten ab.

Nach dem Cerf sich auf diese Weise nach allen Seien hin das Terrain zurechtgelegt hatte, dachte er, nun sei es an der Zeit, seinen Hauptschlag gegen das Victoriatheater, gegen das Hausministerium und gegen den Königlichen Commissarius auszuführen. Er brachte eine Possessorienklage gegen Letztern beim Stadtgericht an, und beantragte, ihn wieder in den factischen Besitz des Theatergebäudes und aller Räumlichkeiten zu setzen. Er stützte seine Klage darauf, daß Fehler bei der Uebergabe stattgefunden und daß er noch, nachdem der Königliche Kommissarius die Gebäude in Besitz genommen, Besitzhandlungen dort ausgeübt habe. Der Königliche Commissarius hatte ihn nämlich mehrere Monate lang aus Humanität in dem Gebäude geduldet, er hatte ihm einzelne Zweige der Verwaltung beim Bau übergeben und hatte ihm erlaubt, einzelne Zimmer des Theatergebäudes zur Aufbewahrung von Gegenständen zu benutzen. Alle diese Thatsachen benutzte nun Cerf, um zu beweisen, daß er zuletzt factisch in Besitz gewesen sei. Welch' eine Nichtswürdigkeit darin liegt, das Vertrauen eines Andern in dieser schmählichen Weise auszubeuten, das ging Cerf nichts an. Daß es eine Ehrensache ist, einen Wechsel oder einen Schuldschein, wofür man die Valuta vollständig erhalten hat, auch in dem Falle zu bezahlen, wenn darin ein Formfehler vorkommt, und dieser Formfehler vor einer Klage schützen würde, davon weiß ein Schwindler und ein Betrüger nichts, denn er weiß ja gar nicht, was Ehre ist. Also Cerf strengte diesen Possessorienprozeß an, und war gar nicht zweifelhaft, daß er ihn gewinnen würde. Die Skribenten, welche er sich gedungen hatte, feierten seinen Triumph bereits vorher alle Woche.

Vierzehn Tage vorher, ehe das Erkenntniß erwartet werden konnte, machte er dem Staatsministerio in Verein mit dem Theaterdirector Franz Wallner den Antrag, den zwischen ihm und der Krone bestehenden Vertrag zu lösen, und ihm das Victoriatheater zurückzugewähren, indem sämmtliche Interessenten damit einverstanden seien. Er reichte zu dem Zwecke einen bereits abgeschlossenen Vertrag mit Herrn Wallner als artistischen Director des Victoriatheaters ein, und begründete die letzte Behauptung, — eine seiner frechsten Lügen — damit, daß er dem Hausministerio die Erklärung dreier Ouvriers vorlegte, welche zu dem Plane ihre Zustimmung gaben. Durch welche Mittel, Versprechungen, Drohungen oder geheime Verträge er diese drei Unglücklichen seinen Wünschen geneigt gemacht hat, weiß ich nicht. Daß sie betrogen werden, ist mir unzweifelhaft. Es wurde ihm und Herrn Wallner die ganz sachgemäße Antwort, daß einer solchen Rückgewährung gar nichts entgegenstehe, falls es ihm und Herrn Wallner gelänge, sämmtliche Gläubiger des Victoriatheaters entweder zur Bezahlung oder sonst zu vermögen, alle Ansprüche an die Krone und den Brandirector Scabell aufzugeben, und dieselben außer jeder Verbindlichkeit zu setzen.

Cerf wußte recht gut, daß ihm dies unmöglich sei, sich auch ganz von selbst verstände. Er wußte recht gut, daß keiner der Gläubiger die Königliche Garantie, zu seinem Gelde zu kommen, aufgeben wolle oder werde, und dafür seine Garantie nehmen, eines Menschen, der im Schuldgefängniß saß, gegen den die Execution hundert Mal fruchtlos ausgefallen ist, und der den Manifestationseid geleistet hat. Diese wahnsinnigen Gedanken hat er selbst jenen drei Ouvriers, welche er bewog, ihm formell ihre Zustimmung zu geben, und sich vor dem Hausministerio als Repräsentanten sämmtlicher Gläubiger zu geriren, nicht zugetraut. Ich behaupte aber, daß der ganze Antrag ihm gar nicht ernst gewesen ist; es war ihm nur daran gelegen, das Hausministerium momentan zu düpiren, und eine formelle Zustimmnng zu erlangen. Er war nämlich seiner Sache, den Possessorienprozeß zu gewinnen, ganz gewiß. Nur in dieser bestimmten Voraussetzung hatte er überhaupt diesen Rückgewährungsantrag gemacht. Er hoffte, in einem Zeitraum von vierzehn Tagen auf Grund eines Erkenntnisses in Possessoriensache durch die Executionskommission in den factischen Besitz des Victoriatheaters gesetzt zu werden, und erwartete, daß, bei der grenzenlosen Verwirrung, welche dann in allen Besitzverhältnissen des Theaters entstehen würde, das Hausministerium, der Königliche Kommissarius und sämmtliche Ouvriers mit Dank geneigt sein würden, auf seine dem Hausministerio eingereichten Pläne einzugehen, und sich mit ihm ganz nach Wunsch zu vereinbaren.

Zur selben Zeit wurde im Hause der Abgeordneten der Minister des Innern wegen des Königlichen Commissoriums des Braudbdirectors Scabell interpellirt. Möge das ehrenwerthe Kammermitglied mir erlauben, ihm hier zu sagen, daß diese Interpellation ganz unmotivirt, und gar nicht am Platze war. Nur dann wäre dazu eine Veranlassung gewesen, wenn es zugleich behauptet und bewiesen hätte, daß der Herr Branddirektor Scabell sein Amt als Brandbirector durch sein Commissorium vernachlässige, und selbst in diesem Falle hätte der Magistrat diese Angelegenheit im Wege des Schriftwechsels mit den verschiedenen Ministerien abmachen können. Aber dies behauptete der Abgeordnete auch gar nicht, er dachte nicht daran, es behauptet dies auch Niemand, sondern Jeder ist von dem Gegentheil vollständig überzeugt. Ich aber behaupte, daß der Abgeordnete auf irgend eine Weise zu dieser Interpellation, ohne sein Wissen, durch eine Cerf'sche Intrigue inducirt worden ist. Es verstehe mich Niemand falsch. Es ist ferne von mir, zu behaupten, daß das Kammermitglied irgend eine Ahnung von dieser Intrigue hatte; ich bin sogar bei seinem durchaus ehrenwerthen Character vollkommen überzeugt, daß, wenn es gewußt hätte, wozu seine Interpellation eigentlich dienen sollte, es sie niemals angebracht hätte. Aber es war für Cerf eine Lebensfrage, jetzt, wo er den Prozeß um den Besitz des Theaters zu gewinnen gewiß war, wo er hoffte, daß das Hausministerium und die Ouvriers in der dann entstehenden grenzenlosen Verwirrung, seine Rückgewährungsanträge genehmigen würden, einen entscheidenden Schlag gegen den Königlichen Commissarius, von dessen Energie er allein Widerstand erwartete, zu thun. Der Minister des Innern sollte nämlich durch die Interpellation vermocht werden, dem Hausministerio zu erklären, daß Scabell entweder seine Stelle als Brandbirector oder als Königlicher Commissarius niederlegen solle. Mit diesen drei Factoren, mit dem Gewinn des Prozesses, seinem Rückgewährungsproject und dem Zurücktritt des Herrn Scabell war er seines Sieges gewiß.

Aber es kam anders. Cerf verlor seinen Prozeß,

und damit die ganze Basis seiner Pläne. Er wurde mit seiner, auf die höchste Frivolität, nämlich auf die Täuschung des Vertrauens, welches ein Mann von Ehre zu ihm gehabt hatte, gegründete Klage zurückgewiesen. Damit stand sein ganzes Rückgewährungsproject nackt da, und versetzte ihn und Herrn Wallner nun wirklich in die Nothwendigkeit, die Summe von 200,000 Thlrn. schaffen zu müssen, um die ihm von der Krone gestellten Bedingungen zu erfüllen. Dazu kam noch, daß der Minister des Innern, Herr Graf von Schwerin, nicht in die ihm gestellte Falle ging. Er durchschaute die Gemeinheit der Intrigue, und gab die von Cerf so sehnsüchtig gehoffte Erklärung nicht. Ich sah Cerf am andern Tage, nachdem er am Abend vorher die Nachricht bekommen hatte, daß der Prozeß verloren sei.

Ich habe dies Subject oft beobachtet, ohne, daß es es weiß. Heute sah ich einen Ausdruck auf seinem Gesichte, wie ich ihn nie sah. Bestürzung, Niedergeschlagenheit, Planlosigkeit wechselten in jedem Moment miteinander; sogar der Ausdruck frecher Frivolität, den es sonst nie verleugnete, war auf diesem Gesichte verschwunden!

Cerfs seit vielen Monaten mit so großer Schlauheit vorbereiteter Plan, die Krone, die Banquiers und die Ouvriers um den Besitzstand zu bringen, der sie einzig und allein vermocht hat, die Mittel zur Vollendung des Baues des Victoriatheaters herzugeben, ist mit dem Verlust des Prozesses vollkommen gescheitert. Kein vernünftiger Mensch wird sich finden, der ihm, einem Subject, welches manifestirt hat, gegen den die Execution unzählige Mal fruchtlos ausgefallen ist, 200,000 Thlr. borgt. Kein Ouvrier wird daran denken, ohne daß er nicht baar bezahlt wird, die Krone und den Königlichen Commissarius aus der Verbindlichkeit zu lassen. Außer jenen dreien Unglücklichen, die ich oben erwähnte, haben sämmtliche andern Ouvriers, dies dem Königlichen Hausministerio bereits schriftlich erklärt, und ihren Willen dahin ausgesprochen, daß sie zu der Verwaltung des Königlichen Commissarius alles Vertrauen haben, aber mit Cerf und Wallner nichts zu thun haben wollen.

Doch nein, Einer muß dem Cerf beitreten. Es ist der Schlossermeister Schladensky, der sein ganzes kleines Besitzthum dem Bau des Theaters geopfert hat. Mit Thränen in den Augen kam er zu dem Königlichen Commissarius, und zeigte ihm an, daß er nun doch gezwungen sei, mit Cerf gemeinschaftliche Sache zu machen. Und warum? Er hat eine Hypothek auf seinem Grundstücke stehen, der Arme, dessen Kündigung die Subhastation desselben zur Folge hat. Cerf hat den Eigenthümer der Hypothek zu gewinnen gewußt, und dieser hat seinem Schuldner erklärt, daß, wenn er nicht sofort von seiner dem Hausministerio abgegebenen Erklärung zurücktrete, er die Hypothek kündigen, und ihn ruiniren würde. Welch' eine Verworfenheit! Die übrigen Ouvriers wissen, daß die Hypothek von 50,000 Thlr., welche Cerf ihnen als Lockspeise vorhält, unbedingt ihnen gehört, wenn sie sie im Wege des Prozesses einklagen, daß wenn Cerf sie ihnen aber wirklich cedirt, sie im Concurse, den Cerf wenige Monate nach der Uebernahme der Grundstücke selbst einleiten wird, mit der Hypothek ausfallen. Sie sagen mit vollkommener Ueberzeugung: „Wenn es möglich ist, uns aus der Verwaltung des Theaters zu befriedigen, wird der Brandbirector es thun. Bei Cerf sind wir gewiß, daß wir alle hintergangen werden." Sämmtliche Schauspieler und Beamten des Victoriatheaters haben dem Hausministerio dieselbe Erklärung abgegeben, wie die Ouvriers. Sie alle haben einen zweiseitigen Vertrag mit dem Königlichen Commissarius abgeschlossen, und die Lösung oder Anwendung eines solchen Vertrages ist selbstredend nur mit beiderseitiger Bewilligung möglich. Herr Lorini hat erklärt, daß er seinen Vertrag für die nächste Saison der italiänischen Oper mit einem Cavalier geschlossen habe, und sich statt seiner keinen „voleur" octroyiren lasse.

So sind Cerf und Wallner von allen denen, auf deren Zustimmung es ankommen würde, bereits desavouirt. Ich begreife in der That Herrn Wallner nicht. Er muß den Verstand verloren haben. Cerf hat nichts auf der Welt zu verlieren, kein Vermögen, keine Ehre, keinen guten Namen; Herr

Wallner ist freilich ein schwacher Schauspieler und ein unbedeutender Theaterdirigent; er hat aber ein Besitzthum und einen gewissen Namen. Wie kann er dies bei einer Verbindung mit einem Subject, wie Cerf, in die Schanze schlagen, um so mehr, wenn er seinen Vertrag mit Cerf ansieht, wo er bei jedem Paragraph sieht, daß er düpirt ist, und daß Cerf ihn in demselben Augenblicke vor die Thür setzen wird, wo er ihn zu seinen Zwecken benutzt hat! Der Vertrag ist, vom Standpunkt des Gesetzes und der möglichen Revenüen des Grundstückes eine Lächerlichkeit und eine wahre Monstrosität.

Und das Victoriatheater! Das Institut steht in voller Blüthe. Der Bau der beiden, prächtigen Theater ist vollendet. Der Garten ist zu einem reizenden Aufenthalte während des Sommers umgeschaffen worden. Die Oper des Victoriatheaters, welche in jeder Saison wiederkehrt, hat sich einen europäischen Ruf erworben. Das Schauspiel wird unter der Leitung des technischen Directors Herrn Hein, bald zu den ersten in Deutschland gehören. Die Einnahmen des Theaters betrugen in den fünf und ein halb Monaten seines Bestehens 84,000 Thlr. Die Einnahme des ungünstigsten Monats im Jahr betrug allein, ohne jede Mitwirkung der Oper 8,787 Thlr. Die mit „den Maurern" allein gemachte Einnahme betrug 9,000 Thlr. Nach diesen Resultaten glaube ich die Ueberzeugung aussprechen zu können, daß, wenn die Verwaltung mit Umsicht und Sparsamkeit weiter geführt wird, daß es möglich sein wird, sämmtlichen Ouvriers gerecht zu werden, und ihnen ihre Forderungen bis zum letzten Thaler zu bezahlen.

Wenn aber das Victoriatheater wieder in die Hände Cerfs geräth, so ist der Ruin des Theaters und der Ouvriers unzweifelhaft, nicht allein, weil dies Subject keine Idee von einer ordentlichen Geschäftsführung besitzt — die drei Theater, die er nach einander bankerott gemacht hat, liefern den Beweis zu meiner Behauptung —, sondern weil es sein höchster Wunsch sein muß und ist, das Theater zur Subhastation zu bringen. Mit Hülfe von 30,000 Thlr., welche er auf den Namen seiner Frau, welche, wie Jeder weiß, die Tochter des unvermögenden

Willberg ist, auf das Haus 30 Grenadierstraße hat eintragen lassen, mit Hülfe der 50,000 Thlr., welche er jetzt den Ouvriers als Lockspeise vorhält und mit Hülfe anderer geheimer Mittel, welche ich wohl kenne, würde er selbst dann im Concurs das Theater für sich ankaufen, nachdem er sämmtliche Schulden und die Last der Ouvriers sich im Concurse abgeschüttelt hat. Man vergesse dies nicht, der Concurs des Theaters, Abschüttelung aller Gläubiger und eigener Wiedererwerb im Concurse, das ist Cerfs eigentlicher Plan. Ich bin fest überzeugt, falls das Hausministerium auf seine Rückgewährungsprojecte eingeht, und Cerf wieder in den Besitz des Theaters gesetzt wird, er wird binnen drei Monaten den Concurs über das Victoriatheater eröffnen, und nach sechs Monaten wird er ein reicher Mann und Eigenthümer des Theaters sein, während die Dessauer Bank und die Ouvriers vollkommen um alle ihre Forderungen bis auf den letzten Thaler gebracht werden, und Herr Wallner wieder sein während dieser drei Monate durch ihn selbst vollständig ruinirtes Theater in der Blumenstraße übernehmen muß. Wenn aber das Theater in der jetzigen Verwaltung bleibt, und nicht nächstens wiederum eine Krisis überstehen muß, wie die soeben stattgehabte und von Cerf und Wallner angezettelte — die Krisis hat dem Victoriatheater einen Schaden von 10,000 Thlr. verursacht —, wenn der Königliche Hausminister ferner ein Mann ist, in dessen Anschauungen der Glanz der Residenz seines Königlichen Herrn und die Kunst in erster Reihe stehen, und dem es, wenn es nöthig sein sollte, auf einige tausend Thaler nicht ankommt; so kann das Victoriatheater auf dem Gebiet der ausländischen Oper, der großen Ausstattungsstücke, des Schauspiels und des feinen Lustspiels in Europa einen ersten Rang einnehmen, und wird diesen Rang, bevor das Jahr zu Ende geht, bereits eingenommen haben. Selbst die Feinde des Theaters müssen eingestehen, der Königliche Commissarius, Herr Branddirector Scabell, hat es auf diesen Weg gebracht.

Zum Schluß dieser meiner Denkschrift über das Victoriatheater und die Intriguen Cerfs erlaube ich mir noch einige

Worte, die ich dem Königlichen Commissarius und auch mir selbst schuldig zu sein glaube. Ich habe kein Interesse zur Sache. Ich habe keine amtliche Stellung irgend welcher Art zu dem Victoriatheater. Das Victoriatheater hat mir niemals einen Thaler eingebracht. Persönliches Interesse kann mich also nicht zu dieser Schrift bewogen haben. Man könnte mir aber erwidern, sie sei durch ein Interesse für den Herrn Branddirector Scabell motivirt. Wenn dies der Fall wäre, so hätte ich selbstredend diese Gelegenheit ergriffen, dessen Verwaltung zu loben. Ich hätte anführen können, daß derselbe in unglaublich kurzer Zeit einen Prachtbau aufgeführt und ein Theater geschaffen hat, wie ich in Europa kein zweites gesehen habe. Ich hätte ausführlich von den enormen Einnahmen des Theaters seit den fünf Monaten seines Bestehens sprechen können. Ich hätte von jener glänzenden Oper reden können, wie sie Berlin seit zwanzig Jahren nicht gehört hat; ich hätte von jenen großartigen Ausstattungsstücken reden können, wie sie nur die Königliche Oper in gleicher Weise hergestellt hat. Ich hätte sagen können, daß diese Ausstattungsstücke in ihrer Darstellung und Ausführung dreimal nacheinander ein anderes hiesiges Theater vollständig geschlagen haben. Ich hätte erwähnen können, daß Herr Branddirector Scabell den ersten und künstlerisch höchststehenden deutschen Theaterdirector, Herr Hein, für das Schauspiel engagirt und für die nächste Wintersaison mit Herrn Lorini eine Oper geschaffen hat, welche die vorige Oper weit übertreffen wird. Ich habe dies Alles nicht gethan, und Niemand kann mir deshalb derartige Motive unterschieben. Wenn aber mir Jemand vorwirft, ich habe diese Broschüre geschrieben, um einem Manne von Ehre, dessen rastlose Thätigkeit und Talent ich hochschätze, eine Genugthuung zu verschaffen gegen derartige infame Angriffe und Intriguen verächtlicher Subjecte, welche ich hier nebst ihren unlautern Motiven enthüllt habe; wenn mir Jemand sagt, ich habe sie im Interesse der Wahrheit und des Rechts geschrieben, so nehme ich diese Vorwürfe recht gern hin, und erkläre, daß sie mich treffen; aber ich glaube der Zustimmung und des Lobes Aller, welche noch Begriffe von Wahrheit und Ehre haben, gewiß zu sein.

Sollte Cerf oder einer seiner gedungenen Subjecte mir auf meine Denkschrift etwas erwidern, sollten sie den Versuch machen, auch mich mit Schmutz zu bewerfen, so erkläre ich im Voraus, daß ich auf derartige Angriffe kein Wort erwidern werde. Wenn ich im Voraus Jemanden für beleidigungs- und satisfactionsunfähig erkläre, wie ich dies hier nochmals mit Cerf, seinen Anhängern und seinen gedungenen Subjecten thue, so kann ich ihn selbstverständlich auch nachher nicht für würdig erklären, mich mit ihm auf eine weitere Polemik einzulassen. Es ist ein in der Gesellschaft allgemein anerkannter Grundsatz, daß ein Ehrloser nie eine Satisfaction erhält, und nie beanspruchen kann. Daß aber das, was ich in diesen Blättern erzählt habe, den Vorwurf der vollkommenen Schmach verdient, darüber appellire ich an die öffentliche Meinung, an die Meinung aller anständigen Menschen. Nur einen Weg will ich dem Cerf offen lassen. Ich fordere ihn auf, diese Denkschrift der Staatsanwaltschaft zu übergeben, und einen Preßprozeß gegen mich einzuleiten. Ich werde dann öffentlich jede Thatsache, die ich behauptet habe, vertreten und beweisen. So lange aber setze ich meine Ehre als Pfand ein, daß das, was ich geschrieben habe, die Wahrheit ist, und ich bin überzeugt, sie wird in der Meinung der Menschen dem Geschrei und den Schmähungen dieses Subjectes gegenüber vollständig das Gleichgewicht halten. Selbst meine Feinde müssen mir den Ruhm zugestehen, daß ich nie die Unwahrheit geschrieben, daß nie persönliche Interessen mich bei meinen schriftstellerischen Arbeiten geleitet, und daß ich immer nur meine eigenen persönlichen oder politischen Ueberzeugungen vertheidigt habe, ohne Menschenfurcht, ohne Egoismus, und ohne jemals darin zu wanken.

Dem Cerf stelle ich aber eine zweite Denkschrift in Aussicht. Sein eigenes Lebens- und Characterbild. Ich kenne seine ganze Vergangenheit genau. Ich habe mich von jener Zeit unterrichtet, wo der Fürst Wittgenstein nach dem Tode seines Vaters nicht ihm, sondern seiner Mutter die Theaterconcession übertrug. Sein Verfahren gegen den Branddirector Scabell ist eine neue Auflage seines damaligen Benehmens und seiner Intriguen gegen seine Mutter. Ob seine Mutter eine ehrenwerthe Frau war oder nicht, weiß ich nicht; ich weiß nichts von ihr. Aber, das weiß ich, daß selbst ein Galeerensclave Achtung vor seiner Mutter hat, und sie nicht mit Schmutz bewirft. In der ganzen Stadt herrschte damals über das Benehmen Cerfs gegen seine Mutter eine allgemeine Entrüstung. Ich kenne Cerfs Geschäftsführung als Theaterdirector in der Charlottenstraße und in der Blumenstraße. Ich will zwei Thatsachen aufweisen, die dieselbe vollkommen characterisiren. Ein Schauspieler nahm aus einer auf der Bühne hängenden Oellampe einige Tropfen Oel, that dies in ein Fläschchen, um sich damit die Schminke abzureiben, und nahm es mit in seine Garderobe. Cerf versuchte diesen Mann wegen Diebstahls zu denunciren. Die Thatsache ist factisch; der Schauspieler ist hier; ich kann ihn vorführen. Ein hübsches, junges Mädchen war beim Chor, ohne Gehalt engagirt. Eines Abends stellte ihr Cerf einen alten Herrn, den Grafen v. K. vor. Nach dem Schluß des Schauspiels sagte er zu dem Mädchen: „Sie werden heute Abend mit dem Grafen v. K. soupiren." Sie verweigerte dies Ansinnen durchaus, und, als Cerf sie zu dem Wagen des Grafen führen wollte, entfloh sie. Am andern Morgen erschien ein Polizeibeamter in der Wohnung des jungen Mädchens. Cerf hatte der Polizei vorgelogen, daß das Mädchen contractbrüchig sei, und wollte sie durch die Polizei Abends auf das Theater führen lassen. Der Polizeibeamte überzeugte sich sofort von der Lügenhaftigkeit der Angabe, und der Handwerker, bei dessen Familie das Mädchen wohnte, ging in seiner gerechten Erbitterung zu Cerf, und prügelte ihn durch. Ich erinnere einen hiesigen sehr achtbaren Schauspieler an einen ähnlichen Vorfall mit seiner Tochter, bei welcher Gelegenheit das Subject von der Mutter des Fräuleins Ohrfeigen erhielt. Jenes junge Mädchen und dieser Schauspieler sind hier; ich kann sie vorführen.

Ich kenne aber auch Cerfs Leben in Hamburg und in Rio. Ueber seinen letztern Aufenthalt spricht Cerf nie. Ich habe einen Zeugen hier, der ihn in Rio mit Affen und Papageyen handeln sah, der ihn als Pächter des Hauses 38 der Elnbogen= straße kannte, des niedrigsten und schmutzigsten Hauses, welches Rio anzuweisen hat. Ich kenne die dunkle Geschichte dieses Hauses, ich kenne auch den Neger, den Cerf zu einer That gedungen hat, welche ihn den dortigen Gerichten über= lieferte! Die Akten des auswärtigen Ministeriums müssen hierüber die Dokumente enthalten; und, wenn dies nicht ist, so ist der Telegraph im Stande, die amtlichen Beweise in wenigen Tagen zur Stelle zu schaffen. Ich frage die hiesige Polizeibehörde, wie es möglich ist, und womit es verantwortet werden kann, ein solch gemeinschädliches Subject frei in der Stadt umherlaufen zu lassen? Falls Cerf nun in seinen Intriguen gegen das Victoriatheater und gegen den Herrn Branddirector Scabell innehält, und sich an= ständig benimmt, werde ich schweigen. Falls Cerf aber in seinen Intriguen und Machinationen weiter fortfährt, will ich ihm aus diesen Thatsachen ein Lebens= und Characterbild entwerfen, vor dem sein Gesicht noch ein= mal erröthen soll — ob vor Scham oder Zorn, weiß ich nicht. Ich aber werde dann die Genugthuung haben, die Stadt für immer von diesem Subject befreit zu haben, eine Genugthu= ung, welche sich die Kaiserliche Regierung von Brasilien durch einen gerichtlichen Akt selbst verschafft hat.

Abfertigung des Gustav Rasch.

Von

Rudolf Cerf.

Motto:
Für die Wahrheit meiner Behauptungen setze ich
meine Ehre zum Pfande.
Dr. Gustav Rasch.

Herr Doctor, Sie haben gelogen!
Wallner. Eichhoff. Publicist.
Gerichts-Zeitung. Charivari.

Berlin, 1860.
Druck und Verlag von Carl Nöhring,
Prinzenstraße Nr. 25.

Verachtungswürdigster!

Ein ebenso großer Lügner wie Sie, aber ein viel schlauerer und geistreicherer Mann sagte einmal: die Sprache sei dem Menschen dazu gegeben, um seine Gedanken zu verbergen. Ich werde diesen Ausspruch zu Schanden machen. Ich werde zu Ihnen sprechen, wie ich denke — nicht, weil ich Sie überhaupt einer Antwort auf Ihr schmutziges Machwerk für werth halte, sondern, weil ich dem Publicum versprochen habe, es über Sie und Ihren hohen Herrn aufzuklären, über Sie, der Sie mit ebenso wenig Befähigung wie Befugniß sich herausgenommen haben, über Dinge zu schreiben, welche Sie gar nichts angehen und welche Sie gar nicht einmal kennen und verstehen; über Sie, der Sie mit der größten Schamlosigkeit Lügen der frechsten Art in die Welt geschleudert haben. Die einzige Antwort, welche Ihnen gebührte, wäre zwar der Auftrag an meinen durch Sie berühmt gewordenen Neger, Sie öffentlich mit der Peitsche zu züchtigen, also gegen Sie durch einen Sclaven die Strafe vollstrecken zu lassen, welche Sclaven gebührt; da aber unglücklicherweise mein Neger von mir ermordet ist — so behaupten Sie ja wohl — und Sie nicht verlangen können, daß ein anständiger Mensch seine Hände sich an Ihnen besudelt, so erfolgt hiermit eine öffentliche Züchtigung anderer Art — für Sie, Mann ohne Ehre und ohne Character, freilich viel zu gelinde, aber unseren cultivirten Verhältnissen angemessener.

Daß diese Züchtigung dessenungeachtet nicht mit Glacehandschuhen vollstreckt wird, liegt an Ihrer für jede anständige Behandlung unzugänglichen Haut, an Ihrer eisernen frechen Stirn —

man muß bei Ihnen einen tüchtigen Striegel anwenden, wenn man durchkommen will.

Dies, Verachtungswürdigster, meine Meinung über Sie, und jetzt zur Sache.

Es liegt in der Natur jeder Widerlegung von Machwerken, wie Sie dieselben fabriciren, eine große Einseitigkeit, ja es genügte, dergleichen Wische mit dem einfachen Satze abzufertigen — es ist alles darin Enthaltene von Anfang bis zu Ende gelogen; da ich aber nicht Willens bin, Sie, dem dasselbe in den letzten Tagen schon so oft gesagt worden ist, ohne daß dies einen anderen Erfolg gehabt hat, als daß sich jeder anständige Mensch von Ihnen zurückgezogen, so kurz abzufertigen; da ich vielmehr Ihren schamlosen Lügen die klarsten Beweise entgegensetzen will, so müssen Sie es schon nicht übel nehmen, wenn die Worte „unwahr, falsch, gelogen u. s. w." sich vielfach in diesem Schreiben wiederholen — ich kann doch aber nicht dafür, daß Sie mich gezwungen haben, Sie in Ihrer ganzen lächerlichen Erbärmlichkeit zu zeigen.

Sie behaupten — ich beginne zuerst mit einer Widerlegung Ihres Machwerks, um dann Sie selbst und demnächst Ihren hohen Herrn näher zu beleuchten — ich hätte in ganz kurzer Zeit drei Theater ruinirt, die Theater in Villa Colonna, in der Charlottenstraße und in der Blumenstraße. Das Theater in Villa Colonna war ein Sommertheater der leichtesten Art, es mußte mit dem Beginne des Winters eingestellt werden, wie es auch geschah, und Jeder daran Betheiligte hat sein Geld bekommen. Das Theater in der Charlottenstraße war ein provisorisches, es durfte keinen Bestand haben, da ich nur eine Theaterconcession auf dem rechten Spreeufer besaß und der Oberpräsident der Provinz Brandenburg ausdrücklich das dortige Theater nur auf ein Jahr gestattet hatte, und das Theater in der Blumenstraße besteht noch heut in Glanz und Flor — wie ist es denn nun in Betreff der Wahrheit dieser ersten Ihrer Behauptungen? Wo sind die ruinirten Personen bei diesen Theatern?

Ich habe mich schwer quälen müssen, ehe ich mein Ziel erreichte, mein Ziel, den Hunderten von Menschen, welche nach dem

Tode meines Vaters broblos wurden, ihre Existenz wieder zu verschaffen, ich habe verschiedene Unternehmungen beginnen müssen, um Personen, welche sich durch jahrelange treue Dienste bei meinem Vater ein Anrecht auf meine Hülfe erworben hatten, nicht untergehen zu lassen; wen habe ich aber dabei ruinirt — mich, mich ganz allein, der für alle seine Mühe, für langes, langes Streben jetzt kaum das Stück Brod hat, um seine Familie zu ernähren; mich, der zusehen muß, wie Sie und Ihr Gelichter in seinem Eigenthume und mit seinem Gelde auf das Unverantwortlichste und zum Ruin des vierten Unternehmens wirthschaften, das ich mir zur Ehre rechne, mit einer gewiß selten dagewesenen Unermüdlichkeit in's Leben gerufen zu haben. Denn mir können selbst Sie, der Mann der feigen Lüge, nicht absprechen — das Victoriatheater ist ganz und allein mein Werk. Vielleicht wird es mich vernichten, wie schon so manches große Werk seinen Meister zu Grunde gerichtet hat, aber jedenfalls wird es bestehen, so lange Berlin eine Residenz bleibt, als eine wahre Zierde desselben in seiner Aeußerlichkeit, und so lange es besteht, wird der Name Cerf auf das Innigste damit verknüpft sein, während man schon nach wenigen Monaten vergessen haben wird, daß es einen Menschen, Namens Rasch, gegeben hat, der sich an seiner Größe hat groß machen wollen.

Um die zu diesem vierten Unternehmen erforderlichen Gelder zu erlangen, wendete ich nun nicht Ränke und Intriguen an, wie Sie zu sagen belieben, — Sie wollen, wie Sie sagen, über dieselben schweigen, Sie schweigen aber nur, weil Sie nichts wissen, — ich wendete mich vielmehr ganz offen an hohe Personen, und setzte denselben die Nothwendigkeit der Ausführung meines Gedankens in so überzeugender Weise auseinander, daß mir von hoher Hand Empfehlungsbriefe an die Directoren der Dessauer Credit-Bank, Herren v. Goßler und Nuland, gegeben wurden, die, als tüchtige Geschäftsmänner, sofort die Idee als eine glückliche erkannten und 150,000 Thlr., die durch den Grund und Boden der von mir erworbenen Grundstücke fast schon gesichert waren, dem Unternehmen widmeten. Von der Rentenanstalt brauchte ich mir kein Geld zu verschaffen, denn diese hatte die Grundstücke schon beliehen, als ich dieselben kaufte, ich selbst steckte mein durch jahrelange Mühen erworbenes Geld, etwa 20,000 Thlr., in das Unternehmen, dessen Ausführung ich mir zur Lebensaufgabe gemacht hatte — und das nennen Sie Ränke und Intriguen!! Haben Sie jemals auf so ehrliche und geschäftsmäßige Weise Sich Geld verschafft? So viel ich davon weiß, stimmt es damit ganz anders.

Leider reichten meine Mittel und meine Mühen nicht hin, um das begonnene Werk in seiner projectirten Gestalt ins Leben treten zu lassen — weil ich zu ehrlich war. Statt Schulden zu machen, statt Baumaterialien auf Kredit zu entnehmen und die Bauhandwerker hin zu ziehen, wie dies alle Tage geschieht, bezahlte ich baar, was ich brauchte, überzeugt, daß die disponiblen Mittel dem Anschlage gemäß ausreichen würden — der Anschlag lautete auf 150,000 Thlr. — aber ich hatte mich geirrt, der Anschlag war viel zu niedrig und der Bau gerieth Anfangs 1858 ins Stocken. Bis dahin war ich Niemandem etwas schuldig, als den ganz gesicherten Hypothekengläubigern; ich hatte Niemanden, selbst wenn mein Werk nicht gelang, um einen Deut gekränkt, ich verlor daher den Muth nicht, ich arbeitete weiter und fand nun auch gern Bauhandwerker, welche mir ihre Unterstützung zu Theil werden ließen. Aber auch diese mußte ich sichern. Ich ließ daher für sie zusammen eine Hypothek von 50,000 Thlr. eintragen und sie bauten unverdrossen weiter. Da kamen die politischen Zeitverhältnisse, welche einem industriellen Unternehmen so großartiger Natur das Garaus machen mußten — wenn nicht staatliche Hülfe eintrat; ich wußte aber, wo ich Hülfe fand. Se. königliche Hoheit der Prinz-Regent und Se. königliche Hoheit der Prinz Carl kannten meine Mühen und Sorgen um das Unternehmen, sie wußten, daß ich eine Revenue von jährlich 2000 Thlr. beim Herrn Director Wallner, der meine Theater-Concession benutzt hatte, aufgegeben; daß ich mit meiner Familie fast gehungert hatte, um meine volksthümliche Idee auszuführen; sie wußten, daß dem Arbeiter grade in so schwerer Zeit Hülfe zu Theil werden mußte — und meine Bitte fand gnädiges Gehör.

Da, in diesem Momente, lernte ich den Mann kennen, der mein und vieler Anderen Unglück geworden — den Branddirector Scabell. Es lag mir daran, den hohen Herrschaften, welche mir ihre Hülfe zugesagt hatten, ohne irgend eine Bedingung daran zu knüpfen, zu beweisen, daß es sich nicht um meine Bereicherung handele, sondern daß es mir mit völliger Hintansetzung meiner selbst allein darum zu thun war, das Victoria=Theater in würdiger Gestalt zu Stande zu bringen; ich selbst bat also, man möge den Bau des Theaters beaufsichtigen lassen, man möge einen Kassenführer bis zur Abzahlung der etwa zu garantirenden Summen anstellen und ich selbst schlug dazu den Branddirector Scabell vor — den Mann, der damals sich allen lucrativen Unternehmungen an die Spitze stellte, sobald sie auch für ihn lucrativ waren, und der vermöge seiner amtlichen und polizeilichen Stellung manches Hinderniß aus dem Wege räumen konnte. Damals war mir außerdem noch nichts gegen den guten Mann bekannt, wie konnte ich also auch nur ahnen, daß ich mir eine Schlange an die Brust legte, indem ich meine hohen Gönner bat, diesen Mann für mein Theater wirken zu lassen. Die erlauchten Herrschaften erließen darauf unterm 29. December 1858 eine Ordre, welche Scabell selbst entworfen hat, welche ich selbst Scabell übergeben habe. Diese Ordre lautet:

Es wird Ihnen nicht unbekannt geblieben sein, daß Wir Uns für den Plan des, von dem Director Cerf zu gründenden neuen Theaters in der Königsstadt lebhaft interessiren, und daß Wir den Wunsch haben, das begonnene Bauwerk durch kräftige Unterstützung seiner Vollendung näher gerückt zu sehen. Auch sind Wir der Ueberzeugung, daß in Berlin Mittel und Kräfte ausreichend vorhanden sind, die durch eine angemessene Anregung, für eine thätige Betheiligung an diesem Unternehmen gewonnen werden können. Ihr thatkräftiges Interesse für Berlin, das Vertrauen, welches Ihnen in den betreffenden Kreisen entgegen kommt, und Ihre Gewandtheit für derartige Verhandlungen veranlaßt Uns Sie aufzufordern, mit sich eignenden Persönlichkeiten, von denen Wir nur die Herren von Magnus, Brüstlein, Oppenfeld, Mendelssohn, Reichenheim, Güterbock, Borsig, namhaft machen, und anderen Herren Ihrer Bekanntschaft in Verbindung zu treten, denselben in geeigneter Weise von Unsern Wünschen Kenntniß zu geben, sie zu einer Betheiligung an dem fraglichen Unternehmen heranzuziehen, und über den Erfolg Uns seiner Zeit Mittheilung zu machen. Ihre Uns stets bewährte Hingebung bürgt dafür, daß Sie dieser Angelegenheit Ihre Mitwirkung nicht entziehen, und in gewohnter Thätigkeit und Energie Alles aufbieten werden, um eine Anlage zu fördern, welche in dieser Großartigkeit hier noch nicht vorhanden ist und der Hauptstadt zur Zierde gereichen wird.

Berlin, den 29sten December 1858.

(Prinz=Regent.) (Carl, Prinz von Preußen.)

An den Königl. Brand=Director Herrn Scabell.

Scabell wohl wissend, daß er auch hier, wie überall sein Schäf­chen in's Trockene bringen werde und müsse, bemühte sich zu den ihm angegebenen Herren. Die Ordre der erlauchten Fürsten ver­schaffte ihm Gehör und diejenigen 49,000 Thlr., welche außer den mir für die königliche Loge gnädigst bewilligten Vorschüssen gebraucht wurden, waren alsbald gezeichnet — wenigstens spiegelte Scabell dies den Fürsten und mir vor, denn Herr Borsig hat später er­klärt, daß es ihm nicht eingefallen ist, baares Geld zu versprechen, und es sind denn auch nur 35,000 Thlr. unter Garantie des Hausministerii gezahlt worden. Bei allen diesen Verhandlungen, sowohl mit den hohen Fürsten, wie mit den Banquiers, war nie davon die Rede, daß Scabell als Bedingung für die Hergabe der Gelder aufgestellt werde, Niemand dachte daran, ihm die gänzliche Herr­schaft über mich und mein Eigenthum übertragen zu wollen, viel­mehr war es stets nur mein Verlangen, daß Scabell die Leitung des Baues und die Kassenverwaltung führen solle, damit sich Jeder­mann überzeugen könne, daß ich keine Vortheile ziehen wolle, Grund­lage der Verhandlungen gewesen. Zeigen Sie mir doch — Sie, der Sie ja Alles wissen wollen — auch nur ein Schriftstück, brin­gen Sie mir doch auch nur einen Zeugen, der Ihrer Behauptung beistimmt. Sie haben auch hier, wie überall, gelogen.

Der zwischen Scabell, einzelnen Bauhandwerkern und mir unterm 7. Mai 1859 abgeschlossene Vertrag enthält nicht ein Wort davon, daß die Bauhandwerker nur unter der Bedingung, daß ich vom Victoria=Theater ausgeschlossen werde und Scabell in meine Stelle als Eigenthümer treten solle, liefern wollten, er spricht viel­mehr nur von Bau und Kassengeschäften, welche Scabell zu über=

nehmen habe und enthält wörtlich folgenden Passus: „Der Herr Branddirector Scabell übernimmt keine sein eigenes Vermögen oder seine Person berührende Verbindlichkeit für die in diesem Vertrage stipulirten Zahlungen, er verpflichtet sich vielmehr zu denselben nur insoweit, als die Mittel dazu aus der Subvention und den Theatereinnahmen eingehen werden. Für einen etwaigen Ausfall der in Betreff der Theatereinnahmen, der für das betreffende Quartal, eventuell durch einen von dem Herrn Branddirector Scabell ohne Verbindlichkeit zur Rechnungslegung aufzustellenden Quartalabschluß zu constatiren ist, haben sich daher die Gläubiger lediglich an Herrn Cerf zu halten." — Haben Sie diesen Vertrag nicht gekannt oder nicht kennen wollen, haben Sie darin nicht im §. 8. gelesen, daß ich mich nur der directen Einwirkung auf den Bau und die Ausstattung des Victoria-Theaters begeben habe? Sie haben ihn nicht kennen wollen, weil er Ihnen in Ihren Lügenkram nicht paßte. Glauben Sie denn selbst, ich hätte Ihrem hohen Herrn den Rücken frei gelassen und mir alle Schulden, die er machen würde, aufgebürdet, wie ich es in dem Vertrage gethan, wenn ich nicht mir die Verwaltung und die Controlle über das eröffnete Theater hätte vorbehalten wollen. Wäre dies damals mein Gedanke gewesen, ja dann wäre ich der Betrüger, für den Sie mich gern gelten lassen wollen, ich hätte aber dann zum Genossen meiner That einen Menschen gehabt, dem Sie zu dienen sich zur Aufgabe gemacht zu haben scheinen.

Erst als Scabell sich sicher sah, als er merkte, daß, ebenso wenig wie ich Vortheile aus diesen Gunstbezeugungen ziehen wollte, ich gestatten würde, daß er in unverhältnißmäßiger Weise Vortheile aus dem für das Victoria-Theater bestimmten Gelde sich verschaffen könne — erst da trat er selbst mit diesen Bedingungen hervor, wohl wissend, daß ich Alles annehmen mußte, weil mir meine Idee selbst über meine Selbstständigkeit ging.

Hier seine eigenen Briefe, aus denen die Beweise für diese meine Behauptungen sich ergeben:

Breitestr. 15., d. 29ſten Mai 1859,
Abends 11 Uhr.

Geehrter Herr!

Die lang erſehnte Kabinets=Ordre iſt mir endlich heute zu=
gegangen und ſomit 80,000 Thlr. zur Vollendung des Victoria=
Theaters zu meiner Diſpoſition geſtellt.

Ich kann mir nicht verſagen, Ihnen dieſe freudige Botſchaft
noch heute mitzutheilen!

Ergebenſt
Scabell.

Hrn. Direktor Cerf Wohlgeb.

Zwei Tage nach dieſer frohen Botſchaft hält es Ihr Chef
für nothwendig, ſich erſt aus den 80,000 Thlrn. zu ſichern. Er
ſchreibt wörtlich:

Breiteſtr. 15., d. 31ſten Mai 1859.

Geehrter Herr ꝛc.

Einliegend überſende ich Ihnen eine Verhandlung mit der
Bitte, die offen gelaſſenen drei Stellen auszufüllen zu wollen, dieſelbe
zu unterzeichnen und die Zurückſendung zu veranlaſſen.

Ergebenſt
Scabell.

Hrn. Direktor R. Cerf Wohlgeb.

Verhandelt Berlin, d. 31ſten Mai 1859.

Die Unterzeichneten einigten ſich heute dahin, daß der ꝛc. Sca=
bell für ſeine Betheiligung beim Bau und der Verwaltung des
Victoria=Theaters, ſich die nachſtehenden Geldbeträge anweiſen ſolle,
und zwar:
1) während der Bauzeit, d. h. vom 1. Mai 1859 ab bis ultimo
   des Jahres 1859, monatlich . . . . . . aus den Baugeldern;
2) während der Verwaltung, d. h. vom 1. Januar 1860
   ab bis ultimo 1866, aus den Einnahmen des Betriebes
   . . . . . . pro Cent der reinen Einnahme (— Differenz
   zwiſchen ſämmtlichen Einnahmen und ſämmtlichen Aus=
   gaben —) nach der Jahresberechnung, welche mit ultimo
   December ſchließt, mindeſtens aber vierteljährlich . . . . . . ,

Außerdem wird der ꝛc. Cerf dem ꝛc. Scabell nach Auflöſung
des zwiſchen ihnen beſtehenden antikretiſchen Pfandvertrages, dieſem
für ſeine Lebenszeit zu allen Vorſtellungen im Theater und ſonſti=
gen Vorkommniſſen auf d. Etabliſſement zwei Freibillets gewähren,
und zwar auf Plätze, welche der ꝛc. Scabell beliebig wählen kann,
aber mit der Beſchränkung, daß dieſelben vor Eröffnung der Tages=
kaſſe ſchriftlich requirirt werden müſſen.

Ich bemerke hierzu, daß die Ausfüllung der leer gelaſſenen Stellen
von Scabell ſchon am Tage vorher von mir dahin verlangt war,

daß er für jeden Monat 200 Thlr., also für 8 Monate — so lange sollte der Bau währen — 1600 Thlr., und dann als Tantième wenigstens 2000 Thlr. das Jahr, also für die 7 Jahre seiner Betheiligung am Theater 14,000 Thlr. zu erhalten habe. Die Freibillets, zu 1 Thlr. täglich mindestens gerechnet, repräsentiren ein Kapital von 4500 Thlrn. Sie sehen, Ihr Chef versteht zu rechnen und von ihm können Sie nicht sagen, was Sie von sich mit eben so großer Prahlerei wie Lügenhaftigkeit behaupten, daß er vom Theater keinen Thaler beansprucht habe.

Auf ein solches Verlangen konnte ich nicht eingehen, der Kassen- und Bauführer war mir doch zu theuer, ich schwieg daher und wartete ab, was das Königliche Ministerium über die Remuneration des Scabell vorschlagen würde — und das war mein Unglück, denn nun wußte Scabell, daß ich mich nicht gutwillig machen ließ und deshalb machte er mich mit Gewalt. Schon am 5. Juni 1859 erhielt ich folgenden Brief:

Euer Wohlgeboren übersende ich in der Anlage den Entwurf zum Vertrage, wie er mir höchsten Orts vorgeschrieben ist, und bitte, denselben mit Ihren event. Randbemerkungen versehen, mir schleunigst wieder zukommen zu lassen, damit das Weitere zur notariellen Abschließung desselben veranlaßt werden kann.

Berlin, den 5ten Juni 1859.   Scabell.
Herrn Direktor R. Cerf Wohlgeb.

Bis dahin war ich „Geehrter Herr", jetzt war ich „Euer Wohlgeboren"; bis dahin schrieb Herr Scabell „ergebenst", jetzt war er „Scabell" ohne alle Ergebenheit. Wozu sollte er auch einem Manne ergeben sein, der gar keine Miene machte, ausverschämten Forderungen zu genügen. Diesem letzten Briefe war der Vertrag beigefügt, der mich aller meiner Rechte entsetzte.

Ich ging auf diesen Vertrag nicht ein und erhielt darauf von Scabell einen längern Brief, aus dem ich folgenden Auszug mittheile:

Der Vertrag in Rede enthält also in Wirklichkeit keine Lücken, die überdies bereits nachträglich ausgefüllt sind und ist derselbe pure anzunehmen, wie er entworfen ist, da ich auf fernere Ausstellungen und andere Weiterungen unter allen Umständen nicht eingehen kann.

Berlin, den 16. Juni 1859.   Scabell.
An Herrn Direktor R. Cerf Wohlgeboren.

Da ich auch jetzt mich noch weigerte, einen so entsetzlichen Vertrag abzuschließen, erhielt ich den nun folgenden Brief:

Euer Wohlgeboren
fanden es nicht in Ihrem Interesse den von mir proponirten Vertrag notariell abzuschließen, da die Beschränkungen, unter denen das in Frage stehende Kapital zur Disposition gestellt worden ist, Ihnen nicht annehmbar erschienen, — und hat sich seitdem meine Stellung insofern geändert, als, wie Ihnen ebenfalls unter dem 14. b. Mts. von Herrn Minister von Auerswald Excellenz mitgetheilt worden ist, ich angewiesen bin, für die Folge nur unter Zustimmung des Herrn Ministers des Königl. Hauses zu handeln.

Der mit den betreffenden Ouvriers 2c. unter dem 7. Mai c. geschlossene Vertrag bestimmt im § 7, daß rücksichtlich der Bauleitung und Verwaltung des Theaters auf die Zeit bis zur gänzlichen Tilgung der im Vertrage selbst gedachten Bauforderung und der gezahlten Kapitalien, zwischen Ihnen und mir ein besonderer Vertrag vollzogen werden soll. Da nun der letztere nicht zu Stande gekommen ist, so werden selbstverständlich die durch die Allerh. Kabinets-Ordre vom 28. Mai c. festgesetzten Geldsummen auch nicht gezahlt.

Ich halte mich demgemäß verpflichtet, Euer Wohlgeboren hierdurch anzuzeigen, daß ich morgen den betreffenden Ouvriers 2c. Mittheilung dahin machen werde, wie sie auf Bezahlung nicht zu rechnen haben, und ich von denselben erwarte, daß sie den Bau so lange einstellen, bis diese Präliminarien ihre vollständige Erledigung gefunden haben.

Ich benutze diese Gelegenheit, Ihnen die Versicherung meiner Hochachtung auszudrücken.

Berlin, den 16. Juni 1859. Scabell,
Brand=Direktor.
An den Theater=Direktor Herrn R. Cerf Wohlgeboren.

Hierin war mir deutlich gesagt, was ich zu erwarten hatte, wenn ich nicht unterschrieb.

Nicht wahr, diese Briefe haben Sie nicht gekannt, sonst würden Sie sich nicht lächerlich gemacht und behauptet haben, „ich sei Derjenige gewesen, der die Pläne zu den Verträgen entworfen, sie selbst eingereicht und sich alle erdenkliche Mühe gegeben habe, das Zustandekommen derselben zu bewirken." — Es ist auch sehr natürlich, daß Ihr Herr und Meister Ihnen nur sagt, was er will, seinen Bedienten behandelt man nicht anders. Was braucht ein solcher Naseweis Alles zu wissen. Er thut, was ihm befohlen wird, es mag eine noch so schmutzige Arbeit sein; er erhält seine

Belohnung, wenn auch nur in Freibillets — und damit Basta. Hier mache ich Ihnen also nicht den Vorwurf der Lüge, hier sind Sie nur der Dumme; anders aber ist es mit einigen Ihrer Anführungen über den Inhalt der Verträge und deren Ausführung. Es ist z. B. gelogen, daß meine sämmtlichen Schulden mit 6000 Thlrn. haben bezahlt werden sollen oder bezahlt worden sind. Von meinen persönlichen Schulden ist nicht ein Pfennig bezahlt worden, es wurden vielmehr nur 5000 Thlr. an Baugläubiger des Theaters bezahlt, die dem Vertrage mit Scabell nicht beigetreten waren. Es ist gelogen, daß mir 1500 Thlr. Gehalt gezahlt worden sind. Zwar lautet der Vertrag dahin, daß ich 1500 Thlr. erhalten soll, der Vertrag wird aber natürlich von Scabell nicht gehalten. Wozu auch, wenn ich ihn nur halten muß, wenn Scabell nur seine 1500 Thlr. und seine Oberhoheit über die Damen (?) des Theaters von der ersten Liebhaberin bis zum letzten Kehrmädchen behält, wenn er nur seinen Rasch hat, der ihn beweihräuchert und dafür hin und wieder die Erlaubniß erhält, auch einmal mit einer dieser Damen zu verkehren. Ob ich, dem er diese 1500 Thlr. nebst Zubehör allein zu verdanken hat, mit Weib und Kind verhungere, was kümmert das meinen Bau- und Kassenführer. Einmal hat er mir gnädigst eine Monatsrate gezahlt. Dann hat er herauszufinden gewußt, daß der Passus wegen des Gehalts widerruflich sei, obwohl davon nicht ein Wort im Vertrage steht und schnell hat er mir meinen Lebensunterhalt entziehen lassen, in dem Glauben, der Hunger werde mich wohl so klein bekommen, daß ich zu seinen Füßen fallen müsse. Aber Ihr Meister irrt sich, Verachtungswerthester, ich kann wohl hungern, aber nicht mein Recht vergeben. Es ist freilich für einen Hungernden nicht angenehm, zu hören, daß sein Bau- und Kassenführer Gastmahle giebt, das Couvert zu einem Friedrichsd'or — von Ihrem Gelde nicht, Theuerster, das können Sie Niemanden Glauben machen, der Ihren fabelhaften Geiz kennt — aber nur immer ruhig, auch meine Zeit wird kommen und das Dessert den Schmarotzern vielleicht noch etwas theurer werden, als das ganze Couvert. — Es ist ferner gelogen, daß die

Krone mir ein Darlehn gegeben. Die Krone hat nur vorschuß=
weise auf brei Jahre die Logenmiethe bezahlt — nennen Sie, der
Sie sich ja Doctor beider Rechte nennen, dieß etwa ein Darlehn? Bei
Ihren juristischen Kenntnissen wäre dieß freilich nicht sehr wunderbar.

Doch genug hiervon, ich habe Ihnen ja noch so viele Lügen
nachzuweisen, daß ich mich wirklich bei jeder einzelnen nicht lange
aufhalten kann.

Sie wissen sehr wohl, daß ich von vorn herein gegen den
Abschluß dieser Verträge mich mit Leib und Seele gesträubt habe —
es half mir aber Alles nichts, es hieß „friß Vogel oder stirb",
es hieß „Unterschrift oder kein Geld". Ich mußte nachgeben, wollte
ich nicht mein Theater für immer dahinsinken sehen, wollte ich
nicht Personen, welche mir freundlich die Hand geboten hatten, in
Schaden bringen, wollte ich nicht die Aussichten aller Derer, die
mir von meinem Vater überkommen waren, vernichten. Das konnte,
das durfte ich nicht. Ich unterschrieb mit blutendem Herzen —
und ich hatte wirklich mit meinem Blut geschrieben. Ich war
verfallen. Warum hatte ich auch nicht die Geldforderungen des
wackern Scabell bewilligt, warum hatte ich nicht seine Remuneration
aus den Baugeldern gestatten wollen, weil meine Gläubiger das
Geld nicht für Scabell bestimmt hatten? Dann hätte ich doch
nur Geld bezahlt, dann wäre doch nur ich beschädigt worden um
eine Summe, die ich mir hätte wiederverdienen können — aber
jetzt? Jetzt war ich ruinirt, jetzt waren meine Gläubiger ruinirt,
jetzt war das Theater ruinirt, denn dahin bringt es Scabell in
kurzer Zeit. Hat er doch jetzt, trotz der guten Einnahmen und
Ueberschüsse, nicht einmal die Hypothekenzinsen bezahlt und damit
alle Hypothekencapitalien, die auf lange Jahre unkündbar waren,
sofort fällig werden lassen.*) — Daß er die nach dem Vertrag vom

---

*) Ich bemerke hierzu, daß Scabell bei der am 20. d. M. stattge=
fundenen Zusammenkunft sämmtlicher Baugläubiger öffentlich erklärt hat,
er habe die Hypothekenzinsen nicht zahlen können, weil kein Geld in
der Kasse sei. — Wo sind denn die kolossalen Einnahmen geblieben,
welche Sie aufzählen? Ist etwa auch kein Geld für Herrn Scabell in
der Kasse vorhanden gewesen?

7. Mai 1859 an die Baugläubiger zu leistenden Abschlagszahlungen nicht giebt, versteht sich von selbst. Er ist doch nicht etwa an Verträge gebunden. Er hat ja seine Person — sein Vermögen und sein Gehalt gesichert; was kümmert ihn Alles Andre. Mag doch die Subhastation kommen, er kann dabei nur gewinnen, denn er wird ja doch Administrator, er wird mich los und das Weitere findet sich dann schon! Weshalb bin ich auch ein solcher Intrigant, daß ich mein Eigenthum erhalten und meine Schulden bezahlen will?

Dies ist die einfache und mit Beweisen unterstützte Geschichte der Verträge über das Victoria-Theater, nicht das Lügengewebe, welches Sie beweislos und verleumderisch in die Welt geschleudert haben, um Ihres Herrn und Meisters Machinationen zu bemänteln. Nicht ich bin es, der die Verträge nicht gehalten hat, nein, es ist Herr Scabell allein, der in keiner Weise meinen gerechten Anforderungen in Bezug auf den Bau und nach dessen Beendigung in Betreff der Verwaltung entsprochen, der auch nichts von dem gehalten hat, was er vertragsmäßig übernommen. Ich selbst habe, Sie wissen es, von Anfang an gegen diese Verträge protestirt, ich habe dieselben nur unterschrieben, weil man mir die Pistole auf die Brust setzte, aber dennoch habe ich sie von Anfang bis zu Ende gehalten — weisen Sie, schlauer Rechtsgelehrter, mir doch einmal einen Contractbruch nach — während Scabell auch nicht ein Titelchen der Verträge gehalten hat. Er hat die Finanzverhältnisse des Theaters nicht geordnet, sondern in die größte Verwirrung gebracht, ja er wird das Theater an den Rand des Concurses und der Subhastation bringen. Keiner der Baugläubiger ist den Verträgen gemäß bezahlt, selbst die Hypothekenzinsen sind jetzt nicht erlegt worden, mein vertragsmäßiges Gehalt ist mir einbehalten, die unnützesten, widersinnigsten Ausgaben sind sowohl beim Bau wie bei der Theaterverwaltung gemacht, und dafür soll ich Scabell dankbar sein? Das kann nur ein so verschrobenes und beschränktes Genie, wie Sie, verlangen. Nicht Dankbarkeit, nein Kampf auf Leben und Tod gegen solche Beeinträchtigung meiner und meiner Gläubiger Rechte, das war und ist meine Pflicht und deßhalb, nicht weil ich mir von Anbeginn an vorgenommen, die Verträge nicht zu halten, habe ich die Processe gegen Ihren Meister angestrengt. Sie behaupten von mir beweislos, daß ich nie Verträge gehalten hätte; wie steht es denn aber mit Ihnen, der Sie als Maulbramarbas und Selbstlobhubler immer mit der eigenen Ehre und Ehrlichkeit sich brüsten. Kennen Sie den Referendar Rasch nicht, der im Amtseide seinem Könige Treue schwur und der demnächst an der Spitze einer Rotte von Banditen in dieses Königs Haus brach und ihn seines Eigenthums beraubte? Damals war Ihnen Ihr Amt noch nicht genommen, noch waren Sie der Königliche Beamte, und doch stahlen Sie Ihrem Könige mit gewaltthätiger Hand sein Eigenthum und verloren dafür, wie das bei einem so gemeinen Verbrechen nicht mehr als recht und billig ist — das Ehrenabzeichen jedes Preußen, die Nationalkokarde. Das ist der Doctor beider Rechte, der seine Ehre zum Pfande für seine bewiesenen Lügen einsetzt. Wenn Sie diesen Rasch kennen, was sagen Sie dann zu seinem Protector, der Königlicher Beamter ist, der alle diese Schandthaten eines ehrlosen und entehrten Menschen kennt und der es wagt, in dasselbe Haus, das der Gnade des Regenten seine Existenz verdankt, ja in die unmittelbare Nähe dieses hohen Herrn einen Menschen zu bringen, der mit räuberischer Hand in das Haus der Väter dieses Fürsten eingebrochen ist und dafür eine entehrende Strafe erhalten hat. Ist dies nicht die Schamlosigkeit auf die Spitze getrieben? Wenn Sie Ihrem Herrn auch nur als literarischer Klopffechter, als Claqueur, als speichelleckerischer Schuhputzer dienen — eine Schande ist es und bleibt es doch für ihn, daß er Sie in seinen Dienst genommen, daß er Sie in irgend welche Stellung zu dem Hause gebracht hat, dem ein Fürst und eine Fürstliche Familie, die Sie beraubt haben, Ihre Zuneigung schenken. Er konnte Sie in seinem Vorzimmer und vor der Thür des Theaters verbrauchen wie er wollte — in das Haus selbst durfte er Sie nicht lassen.

Sie nennen es, großer Rechtsgelehrter, Verträge nicht halten, wenn man die Gerichte über dieselben anruft. Haben Sie diese bedeutende juristische Ansicht vielleicht aus Ihren Büchern gelernt, die Sie abgeschrieben und die troß aller von Ihnen selbst geschriebenen Reclamen keinem Buchhändler auch nur einen Deut eingebracht haben — so jämmerlich und nutzlos sind sie. Halten Sie es für Contractbruch, wenn ich vor Gericht mein wirkliches oder vermeintliches Recht suche, oder wenn ich mich, wie z. B. vom Baurath Langhans verklagen lasse, weil ich seine Forderung für eine unbegründete halte? Kann denn wirklich ein vernünftiger Mensch auf so krassen Unsinn etwas erwidern? Ich werde wenigstens nicht weiter darüber reden — denn solchen Rechtsansichten gegenüber giebt es nur — stille Verachtung und Bedauern für Diejenigen, welche jemals solchen Rathgebern in die Hände fallen.

Gott sei Dank, daß ich bei solchen Ansichten nicht so klug bin, wie Sie — sich dünken, daß Sie mich nicht für einen Mann von großem Verstande halten, aber auch wiederum Gott sei Dank, daß ich einen Mann an meiner Seite habe, der mit Rechtskenntnissen begabt ist, wie kein Zweiter in Berlin, dessen Charakterfestigkeit und Ehrlichkeit von Ihnen nicht erkannt werden kann, weil Sie von solchen Eigenschaften keinen Begriff haben, der dafür aber desto mehr von allen Ehrenmännern geachtet und geschäßt wird. Ja, ich erkenne es hier mit Freuden an, daß mein Schwiegervater mir eine Stüße ist, wie ich mir eine bessere nicht wünschen kann, daß seine Kenntnisse, sein gerades, biederes Wesen, seine Liebenswürdigkeit mir allein Trost und Rettung gewesen sind in der Noth und Gefahr, in welche mich die Machinationen Ihres Herrn gestürzt haben. Und diese Hülfe mir zu gewähren — war seine Pflicht, denn er ist mein nächster Verwandter, er sorgt, indem er mir hilft, für seine Tochter und seinen Enkel, er weiß, was Verwandtenliebe ist — während Sie von Liebe zu Eltern, Geschwistern und Verwandten keine Idee haben — ich könnte ein Buch darüber schreiben, wenn ich wollte, so genau kenne ich in dieser Beziehung Ihre eigennüßigen Streiche.

Mein Schwiegervater, der Stadtgerichtsrath Wilberg, möge mir nicht übel nehmen, daß ich seiner hier erwähne, aber Sie haben ja auch ihn, der Ihnen nie etwas gethan, zu verdächtigen versucht, ich mußte Ihnen also schon die Ehre anthun, denselben Ihnen gegenüber zu stellen.

Daß ich unter den angegebenen Umständen alle meine Kräfte anwendete, Scabell aus der Stellung, in welche er sich gewaltthätig gedrängt, zu entfernen, darin gebe ich Ihnen Recht — denn dies war meine Pflicht gegenüber einem Manne, dessen Unfähigkeit für die Verwaltung eines Theaters sich vom ersten Augenblick an in der eclatantesten Weise geltend gemacht hat. Nicht ich habe das Theater discreditirt, dazu war ich nicht erforderlich, Ihr Herr und Sie, unverständiger Aufbringling, sind es, welche das Theater in einen Mißcredit gebracht haben, von dem es nur schwer zu befreien sein wird. Der Fluch der Lächerlichkeit — dem Sie freilich seit Jahren mit frecher Stirn trotzen — lagert sich vom Eröffnungsabend an über dem Theater, weil jeglicher Geschmack, jegliches Kunstverständniß Ihrem Herrn und Meister fehlt. Herr Cornet ist, das gebe ich Ihnen zu, ein ziemlich unbedeutender Regisseur — aber wer stand denn über ihm, wer hatte denn die Verwaltung des Theaters an sich gerissen, wer mußte denn die faden Stücke verwerfen, bei deren Leseprobe schon jeder Quartaner vor Langeweile eingeschlafen wäre, wer mußte die unfähigen Schauspieler sofort ausmerzen — freilich wäre dann vom Personal nicht viel übrig geblieben — wer anders als Ihr Herr, der unvergleichliche Verwalter Scabell. Dieser Fluch ist geblieben bis auf den heutigen Tag — nur einzelne Lichtpunkte leuchten aus der Masse von Unfähigkeit, Trivialität, Langweiligkeit des Theaters hervor, und diese Lichtpunkte sind stets erborgt, nicht ein Stück ist mit den eigenen Kräften des Theaters gegeben worden, das nicht diesem Fluch der Lächerlichkeit verfallen wäre. Und dazu sollte ich still schweigen, ich sollte ruhig zusehen, wie die beschränkteste Bornirtheit, die größeste Unfähigkeit mein Theater, mein mit schweren Sorgen und Mühen, mit der unglaublichsten Aufopferung ins Leben gefördertes Werk zu Grunde richtete? Nein, das hätte nur ein Ehrloser gekonnt, ich konnte es nicht. Ich opponirte gegen solche Leitung, aber ich that dies in legaler Weise, ich that dies dem Contract gemäß, ich beschwerte mich beim Ministerio. Daß ich viele, viele Beschwerden hatte — kann ich etwa dafür? Daß Alles verkehrt angefaßt wurde, daß mit meinem Gelde umhergeworfen wurde, als wäre es Schmutz, daß auch nicht einmal ein verständiger Gedanke auftauchte, ist dies meine Schuld? Ja ich beschwerte mich und beschwerte mich, ich deckte alle Schwächen und Unfähigkeiten des Theaters auf, dabei war ich aber in meinem Rechte, und wenn ich nicht oft mit meinen Beschwerden durchgedrungen bin — möge dies der Decernent im Hausministerium verantworten, ich will darüber kein Wort weiter verlieren. Ich würde auch nicht einmal diese Andeutung gemacht haben, wenn Sie nicht selbst in Ihrer Alles besudelnden Weise des Decernenten erwähnt hätten — dem angeblich die Angelegenheiten des Victoriatheaters zuwider geworden sind.

Wenn Sie legale Klagen und Beschwerden Intriguen nennen, ja, dann habe ich intriguirt, aber auch nichts weiter habe ich gethan, denn was Sie weiter gegen mich behaupten, ist von Anfang bis zu Ende erlogen.

Es ist erlogen, daß ich gegen Mitglieder der italienischen Oper irgend ein Wort geäußert habe, welche das Victoriatheater hätten mißcreditiren können; es ist erlogen, daß Herr Lorini auf meine Veranlassung seinen Contract hat auflösen wollen, weil er gefürchtet hat, das Theater sei banquerut; es ist erlogen, daß Scabell ihm durch eine Zahlung von 3000 Thlrn. sein Mißtrauen genommen hat. Sehr unrecht ist es wahrhaftig von Ihrem Herrn, daß er Ihnen, der Sie für ihn so bitter bluten müssen, nicht einmal bei so einfachen Dingen die Wahrheit gesagt, und Sie veranlaßt hat, sich so unsterblich zu blamiren. Herr Lorini hat vor Eröffnung der italienischen Oper 1000 Thlr. von Scabell erhalten, nicht um seinem Mißtrauen zu begegnen, sondern weil er sie als contractliche Reiseentschädigung erhalten mußte. So liegt die Wahrheit, mein blamirter Herr! Wie Sie in Ihrer ferneren Behauptung über meine Intriguen anderweit abgefertigt sind, will ich wörtlich einer andern Quelle entnehmen:

Wir erhielten folgenden Brief mit dem Poststempel Berlin, 4. Juli:

„Geehrter Herr!

Da Herr Arthur Müller nicht selbst in seinem Interesse die Unwahrheit in der Rasch'schen Brochure in Bezug des Stückes „Die Verschwörung der Frauen" in Breslau" bestätigen kann, so will ich hiermit anführen, daß besagtes Stück bereits im Frühjahr 1858 der Direction des Fr.-Wilh. Theaters eingereicht und dort im September d. J. zur Aufführung gebracht ist. Zu dieser Zeit war weder an Scabell noch an seinen warmen Vertheidiger Rasch zu denken. Wenn sich alle seine Behauptungen als so unwahr beweisen, so möge der gute Herr Rasch nur recht „rasch" Berlin verlassen, um einer monatlangen Haft für seine naseweise Schrift zu entgehen."

Dieser Brief bezieht sich auf folgende in dem Rasch'schen Libell enthaltene Behauptung: „Er (Cerf) war unermüdlich in seinen Angriffen und Intriguen (gegen Scabell). Er lernte den Schriftsteller Arthur Müller kennen, der sein Lustspiel: „Die Verschwörung der Frauen in Breslau" geschrieben hatte, und dies dem Victoriatheater einreichen wollte. Durch alle nur erdenklichen Vorspiegelungen bewog er denselben, das Stück zurückzuziehen, und es dem Friedrich-Wilhelmstädtischen Theater einzureichen."

Wenn es nunmehr wahr war, daß die „Verschwörung der Frauen" schon im Frühjahr 1858 dem Friedrich-Wilhelmstädtischen Theater eingereicht worden war, so mußte – da Herr Scabell erst im Mai 1859 die Leitung des Victoriatheaters erhielt, – die Behauptung des Rasch eine falsche sein.

Da indeß der Brief, welcher in Sachen des Libells von S. Rasch jedenfalls von Wichtigkeit werden konnte, ein anonymer war, so baten wir den Director des Friedrich-Wilhelmst. Theaters, Herrn Commissionsrath Deichmann, schriftlich um umgehende Auskunft darüber, ob es mit den Behauptungen des anonymen Briefes seine Richtigkeit habe, und er war denn auch so gütig, unserm Wunsche entsprechend, uns nachstehendes Schreiben zuzusenden:

„Ew. Wohlgeboren
erwiedere ich auf Ihre Anfrage, daß Herr Arthur Müller sein Stück „Die Verschwörung der Frauen" im Frühjahr 1858 durch den Schauspieler Herrn W. Kläger mir überreicht hat, und daß genanntes Stück am 3. September 1858 auf meiner Bühne zuerst aufgeführt ist.

Berlin, den 5. Juli 1860. Achtungsvoll
F. W. Deichmann."

Hieraus geht nun schon in Bezug auf diesen einen Punkt mit juridischer Gewißheit hervor, daß Herr Rasch, welcher in dem bewußten Libell seine Ehre als Pfand eingesetzt hat dafür, daß das, was er geschrieben habe, die Wahrheit sei, — gelogen hat, woraus mit logischer Nothwendigkeit folgt, daß der Doctor beider

Rechte Gustav Rasch — keine Ehre mehr besitzen kann. Sie ist als Pfand verfallen.   D. Red. d. Charivari.

Ich habe dem kein Wort hinzuzufügen, es genügte das Gesagte, um Sie als Lügner hinzustellen.

Nun kommen Sie auf meine Freunde und Anhänger, die Sie Lumpengesindel, Schwindler u. s. w. benennen. Niemand von denjenigen Personen, welche mir ihre Freundschaft und Achtung schenken, welche mich ihres Umgangs würdigen, wird sich darüber beleidigt oder empört fühlen, daß ein ehrloser Mensch, wie Sie, ein eitler und feiger Narr, wie Sie, sich derartig ausläßt; ich habe deshalb auch gar kein Recht, für diese meine Anhänger Ihnen gegenüber aufzutreten und sie gegen Sie in Schutz zu nehmen. Um Ihnen aber einen kleinen Beweis davon zu geben, welche Personen mich mit ihrer Achtung beehren, mögen hier die Namen derjenigen Herren Officiere stehen, welche mir nach meinem Austritt aus dem 2. Garde-Landwehr-Kavallerie-Regiment eine Ehre zu Theil werden ließen, wie sie wohl ein zweites Mal in der preußischen Armee nicht vorhanden ist. Als im Jahre 1850 die preußische Armee mobil gemacht wurde, trat ich, obgleich bereits aus dem Militair-Verbande geschieden, freiwillig und ohne Sold als Unteroffizier in das gedachte Regiment und erwarb mir in dieser Stellung so sehr die Achtung des Officiercorps — ich, der nach Ihrer Ansicht nicht satisfactionsfähige Mann — daß mir dasselbe einen silbernen Pokal bei meinem Austritt verehrte, auf welchem die Worte: „Unserem Kameraden R. Cerf" und folgende Namen sich befinden: v. Geyer, v. Ploetz, v. Buch, v. Schenck, v. Zitzewitz, v. Bandemer I., Graf v. Brühl, v. Bandemer II., v. Kalckreuth, v. Gräfe, Prinz Johann von Holstein, v. Köckeritz, v. Hecke.

Und wer sind diesen Namen gegenüber Ihre Anhänger? Die Räuber königlichen Eigenthums, welche Sie angeführt haben, und sonst Niemand, denn wer mit Ihnen sonst noch umgegangen ist, der hat sich schnell nach kurzer Zeit zurückgezogen, entweder um Ihren wahnsinnigen Aufschneidereien zu entgehen oder um vor Ihrer aufdringlichen Langenweile sich zu schützen. Zählen Sie einmal Ihre anständigen Bekanntschaften seit Ihrem Wiedereintritt in die öffentliche Gesellschaft durch, wo finden Sie auch nur einen Menschen, der nicht vor Ihnen die Thür verschließt, oder wenn Sie dennoch mit Ihrer unwiderstehlichen Frechheit sich eindrängen, Sie nicht wegen Ihrer Lächerlichkeiten verhöhnt und Sie für reif für die Douche der Charité hält.

Von Ihrer großen Rechtskenntniß und noch größeren Ehrlichkeit giebt meine nun von Ihnen angeführte Intrigue Kunde. Sie halten es für intrigant, wenn ich mit meinen Gläubigern zum Schiedsmann ging, dort meine Schuld anerkannte und deren Zahlung auf die Einnahmen des Victoriatheaters, die ja nach Ihren Reclamen so unendlich groß sein sollten, anwies. Wenn ich also meine Pflicht thue und Schulden, für die ich nach dem Scabell'schen Vertrage allein aufkommen muß und gegen welche ich als rechtlicher Mann Ausstellungen nicht machen kann, anerkenne, wenn ich Prozeßkosten spare und einen unangenehmen Prozeß vermeide, wenn ich meine Gelder als Zahlungsmittel bezeichne, dann bin ich in Ihren Augen ein Intrigant. Ehrliche Leute werden anders urtheilen. Wie stimmt denn nun aber diese Intrigue mit Ihrer ersten Beschuldigung, daß ich keine Verträge halte, daß ich mich durch ungerechte Klagen und Einwendungen meinen Verpflichtungen zu entziehen suche? Ist in Ihnen auch nur ein Fünkchen Menschenverstand und Logik, so werden selbst Sie mir zugestehen müssen, daß Sie Sich hier unsterblich blamirt haben. Wenn ich klage, bin ich ein Intrigant — natürlich nur, weil ich gegen Ihren Herrn klage — wenn ich mich verklagen lasse oder wenn ich ohne Klage meine Schulden anerkenne, bin ich ein Intrigant; wahrhaftig, Ihre Lächerlichkeit übertrifft fast Ihre Erbärmlichkeit. Daß meine Anerkennung der Schulden kein Resultat für die beklagenswerthen Gläubiger hat, weil Scabell mein und ihr Vertrauen täuscht und trotz großer Einnahmen — wie Sie sagen — auch nicht einmal die Baugläubiger bezahlt; daß Scabell sich darauf stützt, er sei Niemandem Rechenschaft und Rechnungslegung schuldig und meine Gelder verwendet und verschwendet, wie er will; daß ich gegen ein so unerhörtes Verfahren protestire und Alles anwende, um demselben ein Ende zu machen; dies macht mich also zum Intriganten? Nun, diesen Vorwurf werde ich ertragen, Ihnen später aber dennoch zeigen, wer intriguirt und was intriguiren heißt.

Den dümmsten Streich, den Sie machen konnten, der Streich, der Sie für immer der Schmach anheimfallen läßt, der Ihre Dummheit eben so klar gemacht, wie er Ihre Lügenhaftigkeit in der Welt verbreitet hat, war Ihr erbärmlicher Angriff auf diejenigen hiesigen Zeitungen, die sich nicht einseitig von Ihnen zur Verherrlichung Ihres Herrn hatten mißbrauchen, die vielmehr mit Unparteilichkeit beiden Theilen Gerechtigkeit hatten zu Theil werden lassen. Daß diese Gerechtigkeit Ihrem Herrn und Ihnen auf das Aeußerste unangenehm sein mußte, weil Ihre Schaale denn doch gar zu leicht befunden wurde, liegt in der Natur der Sache, und Ihr kümmerlicher Zorn gegen solche Gerechtigkeit hat Ihnen denn auch eingetragen, was Sie verdienten. Sie sind, so lange der Dr. Gustav Rasch genannt werden wird, als frivoler Lügner, als erbärmlicher Verleumder, als eitler Geck öffentlich gebrandmarkt.

Ich habe keinen Beruf, die Zeitungen, welche Sie genannt haben, in Schutz zu nehmen, dieselben haben sich schon hinreichend selbst geschützt; die Pflicht aber habe ich, diesen Brandmarkungen Ihrer werthen Person auch meinerseits Verbreitung zu geben, und mögen dieselben daher hier ihren Platz finden.

Die Gerichtszeitung zeichnet Sie folgendermaßen:

In dem neuesten Machwerke des Dr. Gustav Rasch, „das Victoriatheater und die Intriguen des Theaterunternehmers Cerf" betitelt, wird auch unsere Zeitung als eine derjenigen hiesigen Zeitungen bezeichnet, welche den Zwecken des Herrn Cerf auf dessen Veranlassung gedient habe, es wird behauptet, daß ein Correspondent unserer Zeitung zwar nicht für Geld, aber aus Liebe zum Skandal, sich mit dem Schmutz des Victoriatheaters befaßt und seine Artikel gegen den Willen des Verlegers, der sie oft mit Entrüstung gelesen, in die Zeitung eingeschmuggelt habe. Alle diese Behauptungen des Dr. Rasch sind von vorn bis hinten erlogen, sie sind nichts mehr, als alle die lächerlichen Rodomontaden, mit denen dieser Don Quixote der Neuzeit sich von Zeit zu Zeit in dem Gedächtniß des Publikums, das ihn in Folge seiner Ueberspanntheit nur zu gern vergißt, aufzufrischen pflegt, wenn seine närrische Eitelkeit wieder frischer Nahrung bedarf. Es ist nicht wahr, daß die Artikel über die Händel zwischen Cerf und Scabell von einem und demselben Correspondenten herrühren, es ist nicht wahr, daß auch nur einer dieser Artikel von Cerf beeinflußt oder auch nur veranlaßt ist, daß überhaupt auch nur einer unserer Mitarbeiter mit Cerf in irgend welcher genaueren Verbindung steht oder gestanden hat, es ist erlogen, daß irgend einer dieser Artikel gegen den Willen des Verlegers in die Zeitung hineingeschmuggelt worden ist, oder daß derselbe jemals seine Entrüstung über die in seiner eigenen Zeitung gestandenen Artikel ausgesprochen hätte, es hat derselbe vielmehr stets der Redaction das ihr gebührende Recht der Bestimmung über Aufnahme der Artikel belassen und es kann von einer Einschmuggelei somit gar nicht die Rede sein. Daß die Artikel sich mit dem Schmutz des Theaters befassen mußten, liegt an den Verhältnissen desselben und an seiner Verwaltung, sie bezweckten ja allein, den Schmutz aus dem Theater zu entfernen, damit es eine wahre Zierde der Residenz werde, und sie mußten mehr tadelnd wie lobend sein — denn die Verwaltung war leider meistens nur zu tadeln. Wo eine Darstellung Lob verdiente, haben wir aus vollem Herzen eingestimmt, wo sie zu tadeln, wo Mißbrauch aufzudecken war, haben wir uns selbst durch die zahllosen Bittschreiben des Dr. Rasch, der Tag für Tag im Vorzimmer des Direktor Scabell herumlungert, um seiner Eitelkeit zu fröhnen, nicht abhalten lassen, die volle Wahrheit zu sagen. Wenn wir wiederholt für Cerf und gegen Scabell Partei genommen, so haben wir, an die dazu veranlassenden Thatsachen anknüpfend, stets unsere Gründe dafür angeführt, und wenn wir uns erlaubt haben, über die eigenthümlichen Rechtsverhältnisse in Beziehung auf Eigenthum und Verwaltung des Victoriatheaters öfters anderer Ansicht zu sein, als die Herren Scabell und Rasch, so ist dies nicht tendenziös zur Begünstigung des Herrn Cerf, sondern lediglich deshalb geschehen, weil das, was etwa zu Gunsten des Letzteren in jenen Artikeln hervorgehoben wurde, wirklich unserer Ueberzeugung entsprach, die schließlich denn doch mindestens eben so berechtigt sein dürfte, als die des Herrn Rasch, nach welcher der Scabell'schen Verwaltung vom ersten Momente an bis zu dieser Stunde eine unbedingte Glorification gebühren soll. Einzelne Stellen in der Brochure des Herrn Rasch machen übrigens einen urkomischen Eindruck. Denn ist es nicht höchst komisch, daß Herr Rasch dem Herrn Cerf unter Anderem vorwirft, er habe schon den Manifestationseid geleistet, derselbe Herr Rasch, der seit Jahren von Exekutoren wegen verweigerter Ableistung des Manifestationseides verfolgt wird und der durch die fabelhaftesten Lügen seit Jahren die Abnahme des Manifestationseides hinzieht? Solche höchst komische Klopffechter sucht sich Herr Scabell. Ist es da wohl zu verwundern, daß er nicht viel Freunde in der Presse hat? Ehe er sich nicht von so närrischer Beeinflussung losmacht, wird Herr Scabell schwerlich sein großes Ziel — sich im Victoriatheater ohne Widerrede der Presse festzusetzen — erreichen. Dies die Antwort auf die lächerlichen Lügen des Dr. Rasch, die mit Wissen und Willen des Verlegers und der gesammten Redaction hiermit veröffentlicht wird. Es übernimmt für dieselbe dem Dr. Rasch gegenüber jedoch die persönliche wie gerichtliche Verantwortlichkeit der ihm sehr wohlbekannte Verfasser dieses Artikels.

Mit Bezug auf diese Zeitung will ich Ihnen hier auch gleich in's Gedächtniß zurückrufen, daß Sie, als Ihnen Kenntniß davon gegeben wurde, es werde eine energische Antwort auf Ihre faden Lügen erfolgen, sich sofort schriftlich an den Correspondenten, den Sie so eben noch einen muthlosen Bravo genannt, wendeten, diesen Brief mit „Lieber ..." begannen, und ihm darin versicherten, daß Sie ihn nicht hätten beleidigen wollen und daß er ein Mann von Ehre sei. Dieses Zeichen Ihrer Feigheit hatte kein Resultat, Ihre Abfertigung erschien dennoch und nun liefen Sie eiligst in die Redaction der Gerichtszeitung und baten, man möge doch nichts weiter gegen Sie aufnehmen, drohten anderenfalls aber mit Beschwerden bei den Vorgesetzten des Verfassers Ihrer Abfertigung mit dem Bemerken, daß Sie Herr Scabell dabei persönlich unterstützen werde. — So handelten Sie, der Mann der freien Presse, der noch so eben an Preßfrechheit alles bisher Vorhandene übertroffen hatte, der Mann, der sich zu den Spitzen der hiesigen Democratie zählt!! O, Rasch, Rasch, warum hast Du Dir das gethan?

Der Publicist brachte Ihnen folgende Entgegnung:

Der Herr Dr. juris Gustav Rasch hat im Verlage von Gustav Bosselmann hierselbst eine Broschüre erscheinen lassen, die er betitelt hat: „Das Victoria-Theater und die Intriguen des Theaterunternehmers Cerf." Wir bemerken von vornweg, daß diese Schrift im eigentlichsten Sinne ein Pasquill ist, das allem Vermuthen nach von Seiten des Geschmähten ein Anrufen der Justiz zur Folge haben wird. Das möge indessen dessen Sache selbst sein; wir haben mit dieser Bemerkung nur andeuten wollen, daß die ganze Tendenz der Schrift uns verbietet, auf deren Inhalt überhaupt einzugehen. Nur soweit Hr. Rasch unter den berliner Zeitungen des „Publicist" erwähnt und zwar in der Weise: es hätte derselbe Schmähartikel gegen den Branddirector Scabell aufgenommen, und es seien diese Artikel ohne Vorwissen des Redacteurs in das Blatt eingeschmuggelt durch einen Mitarbeiter, „dessen Name aus einem in Deutschland bekannten politischen Prozesse mit Schmach bedeckt sei" — nur insofern sind wir zu einigen Worten der Erwiderung genöthigt. Zunächst hat der „Publicist" keinen Mitarbeiter, dessen Name aus einem in Deutschland bekannten politischen Prozesse mit Schmach bedeckt ist; welche Persönlichkeit also auch Hrn. Rasch bei dieser Kennzeichnung vorgeschwebt hat, so trifft die dieser Persönlichkeit zugewiesene Mitarbeiterschaft am „Publicist" nicht zu, und es können, wie daraus weiter folgt, von ihr keine Artikel in diese Zeitung „eingeschmuggelt" worden sein. Sodann aber hat der „Publicist" in seinem redactionellen Theile keine Schmähartikel gegen Hrn. Scabell gebracht, wie dies selbstverständlich bei jeder Zeitung ist, und nothwendig sein muß, die sich nicht zu der niedrigen Rolle hergiebt, ein Organ für Pasquillanten zu sein. Die finanziellen, technischen und Bauangelegenheiten des Victoria=Theaters sind nach verschiedenen, der Redaction zugegangenen Mittheilungen wiederholt an dieser Stelle besprochen worden und Hr. Rasch weiß am besten, daß er selbst uns in dieser Beziehung mehrfach Mittheilungen hat zugehen lassen, die wir nicht blos unentgeltlich, sondern auch meist unverändert und unverkürzt aufgenommen haben. Nur einmal hat der „Publicist" ein bezahltes Inserat des Herrn Rudolph Cerf, mit dessen Unterschrift, gebracht, ein anderes Mal ein gleichfalls bezahltes Inserat einiger der am meisten betheiligten Ouvrieres bei dem Theaterbau=Unternehmen, die mit ihren Namens=Unterschriften über die von Herrn Scabell fortgesetzt verweigerte Zahlung liquider Baugelderforderungen Beschwerde führten. Herr Rasch ist mit dem Geschäftsgange bei den Zeitungen muthmaßlich doch genau genug bekannt, um zu wissen, daß solche Inserate, weil die Einsender sie bezahlen, nicht „eingeschmuggelt" werden können. Sollte Hr. Rasch nun aber der Meinung sein, sämmtliche Berliner Zeitungen hätten die Aufgabe, ihm oder Hrn. Scabell zu Gefallen ihre Spalten allen denjenigen Personen zu verschließen, die über die Verwaltung des Victoria=Theaters eine andere Ansicht haben, als die genannten beiden Herren, oder die ihre Interessen durch diese Verwaltung nicht so ausgezeichnet vertreten sehen, wie dies insbesondere Hr. Rasch in jedem einzelnen der durch ihn veröffentlichten Artikel darzuthun bemüht gewesen ist, — wenn Hr. Rasch dieser Meinung sein sollte, dann wäre das mindestens sehr seltsam, und zwar um so seltsamer, als Hr. Rasch doch nicht übersehen kann, daß gerade er es gewesen ist, der durch einen gegen Hrn. Cerf gerichteten, in der Volkszeitung zum Abdruck gebrachten Artikel, so heftig und injuriös, daß ihm recht eigentlich der Titel eines Schmähartikels gebührt, zu einer Entgegnung gewaltsam herausgefordert hat. Was also den „Publicist" betrifft, so befindet sich Hr. Rasch mit seiner Broschüre überall in einem thatsächlichen Irrthum; was aber seine Folgerungen aus den falschen Thatsachen betrifft, so charakterisiren sich diese, wenigstens in ihrer Allgemeinheit, so sehr als Ungerechtigkeit, daß man sie kaum der durchweg sich bekundenden leidenschaftlichen Par=

teilnahme des Verfassers der Broschüre für den Hrn. Brandbirector Scabell verzeihen kann.

Auch hier habe ich Ihnen Ihre Feigheit vorzuhalten. Als der Schriftsteller, den Sie selbst beim Vorlesen Ihres elenden Machwerks als den von Ihnen genannten Correspondenten bezeichnet haben sollen, zu Ihnen in's Zimmer trat, um Sie zu ohrfeigen, sagten Sie zu ihm: „Aber bester Freund, wie konnten Sie denken, daß ich Sie gemeint habe!" Ja, ja, Muth ist nicht Jedermanns Sache.

Was Ihnen der Charivari entgegnet hat, sei Ihnen hier von Neuem vorgehalten:

Herr Doctor beider Rechte, Sie haben gelogen!

Gelogen in Ihrer Schmähschrift vom Anfange bis zum Ende derselben;

gelogen also auch in Allem, was Sie darin Ehrenrühriges über meine Person und meine Handlungsweise gesagt;

gelogen mit einer Leichtfertigkeit, einer Frivolität, wie vielleicht keine zweite Streitschrift in der deutschen Literatur sie noch aufzuweisen hat;

gelogen mit einer puerilen Vorlautheit, für welche die deutsche Sprache nur das eine Wort Naseweisheit besitzt;

gelogen endlich wie ein Bube, trotzdem Sie Ihre Ehre als Mann einsetzten für die Wahrheit Alles dessen, was Sie geschrieben.

Man hat Ihnen dies schon von verschiedenen Seiten her bewiesen; man wird es Ihnen — wie ich höre — noch ferner und weiter beweisen; und alles dies bestimmt mich, Sie hier nur in Bezug auf die gegen mich geschleuderten Invectiven auf Ihre leichtfertigen und naseweisen Schreibfinger zu klopfen. Ich werde Ihnen dabei Viel zu gute halten; denn wie es scheint, gehören Sie zu der glücklicherweise sehr zahlarmen Sorte von Gecken, die man literarische nennt; und die kein höheres Streben kennen, als mit Ihrer Feder Aufsehen zu erregen, die Welt und in Ermangelung der Welt wenigstens die Stadt von sich reden zu machen, für eine Größe oder gar Autorität zu gelten, um dadurch ein gewisses Anrecht zu erwerben, sich hier und da, da und dort einzuführen oder — besser gesagt — aufzudrängen, um doch, da es nicht durch den eigenen Werth geschehen kann, durch den Reflex von dem Werthe oder Einflusse Anderer an Ansehn zu profitiren. Dergleichen litterarische Gecken erwecken naturgemäß mehr Mitleid als Haß, mehr Lächeln als Zürnen, mehr Spott als Wuth. Und wenn es besonderer Umstände halber einmal ausnahmsweise nothwendig ist,

Ihnen Eins auf das ungewaschene Maul zu geben, so muß es mehr mit Humor als mit Pathos geschehen.

Und nun speciell zu Ihren Lügen über mich. Sie sagen: ich habe mich dem Cerf für seine Zwecke für Geld mit Leib und Seele verkauft. Und was führen Sie zum Beweise dieser frechen Behauptung an? Nicht eine Sylbe. Sie haben diese ziemlich blattläufige Phrase von sich gegeben; und also muß es damit sein Bewenden haben. Denn als literarischer Handlanger eines Königlichen Specialkommissars sind Sie natürlich eine so bedeutende Autorität, daß Ihnen alle Welt ohne Widerrede auf's Wort glauben muß, was Sie auf's Wort sagen. Es hindert daran natürlich gar nicht, daß Sie überhaupt gar kein Ehrenwort mehr besitzen; denn damals, als Sie jene freche Behauptung niederschrieben, war dies Wort vielleicht noch nicht verfallen. Aber Sie hätten doch wenigstens schon damals bedenken sollen, daß Sie noch nicht einmal das Ihnen durch richterliches Urtheil abgesprochene Recht besitzen, die preußische Nationalkokarde zu tragen; und dieser Umstand hätte Sie schon — wenn Sie nur ein Fünkchen Verstand gehabt, — abhalten müssen, Ihr Ehrenwort als Pfand einzusetzen für die Wahrheit Ihrer Worte. Denn welcher Mensch nimmt als Pfand ein Ding, das nicht existirt? — Sie sehen also wohl, daß Ihre Behauptung vollständig beweislos dasteht und Nichts ist, als eine Ihrer zahllosen lächerlichen Radotaden.

Da Sie Doctor beider Rechte sind oder doch sein wollen, — denn weder Ihren Ausführungen noch Ihrem Style merkt man das Geringste davon an! — so werden Sie mir wohl hoffentlich nicht zumuthen, eine Negative zu beweisen, also die Thatsache darzuthun, daß ich mich dem Cerf nicht verkauft habe. Im Gegentheil, Sie haben den Beweis zu führen, daß Ihre Behauptung eine richtige ist; und so lange Sie dies nicht thun, — so lange nennt Sie das Gesetz und die Welt einen — — Verleumder. Doch ich will Ihnen in Ihrer Noth ein wenig zu Hilfe kommen, und vielleicht machen Sie dabei — weil Sie Ihrer Sache doch so sicher sind! — noch ein hübsches Geldgeschäft, — als Belohnung dafür, daß Sie für Herrn Scabell stets, aus purer Christenpflicht für die verfolgte Unschuld, so viele Artikel schrieben und inserirten und endlich gar noch eine dicke Brochure aus Ihrer eignen Tasche bezahlten. (???) — Hören Sie also zu: Ich habe einst auf die Bitte des Herrn Cerf einen Actenauszug, eine Art Relation für ihn angefertigt und mir für diese dreitägige, wegen der schlechten Handschrift sehr mühselige Arbeit, die gar nicht in mein Fach schlägt, ein Honorar von 15 Thlrn. ausgemacht, dasselbe auch allerdings in drei Raten von Cerf erhalten, weil er, dem ich mich nach Ihrer Behauptung für Geld mit Leib und Seele verdang, — Dank dem Scabell'schen Vertrage! — die ganze Summe von fünfzehn Thalern nicht disponibel hatte! — ein Beweis von den glänzenden Geschäften, die ich bei dem

Leib- und Seele-Verkauf an Hrn. Cerf gemacht haben muß! — Diese 15 Thaler sind nun genau dieselben, von denen Sie lügen, daß ich sie für die „Enthüllungen über das Victoria-Theater" erhalten hätte, eine schriftstellerische Arbeit, von der Sie wiederum lügen, daß der Stadtgerichtsrath Wilberg das Material und die Vorarbeiten dazu geliefert, ich sie nur überarbeitet hätte. — Hören Sie nun weiter: Für jeden preußischen Pfennig, den Sie mir als von Herrn Cerf für irgend einen im „Charivari" gestandenen, ihn oder Herrn Scabell oder auch sonst Jemand betreffenden Artikel erhalten nachweisen können, wobei ich zu Ihrer Erleichterung jede Eideszuschiebung an mich oder Cerf oder Wilberg oder sonst Jemand acceptire, — also für jeden solchen Pfennig zahle ich Ihnen einen preußischen Thaler. — Wollen Sie Sich in Bezug auf die von Ihnen für Herrn Scabell geschriebenen Artikel zu der gleichen Verpflichtung verstehen? Oder wollen Sie Sich andrerseits verpflichten, mir für jeden preußischen Thaler, den ich Ihnen durch das Zeugniß des Verlegers d. B. als durch die „Enthüllungen über das Victoria-Theater" an meinem Redactions-Honorar eingebüßt nachweisen kann, nicht mehr als eben nur den eingebüßten Thaler zu zahlen? — Es sind nicht mehr als etwa dreißig! — Nun, was sagen Sie zu der Proposition? Wenn Ihre Behauptung, ich habe mich für Geld dem Cerf mit Leib und Seele verdungen, nur ein Tüttelchen Wahres enthält, so müssen Sie durch dies Geschäft ein reicher Mann werden. Also, wie steht's damit? — Schlagen Sie es aus; — ei, dann hätte ich Ihnen ja bewiesen, was ich Ihnen gar nicht zu beweisen verpflichtet war: daß Sie ein — — Verleumder sind! —

Und nun noch Eines: etwas sehr Schlagendes gegen Sie. Ich behaupte, daß Sie Ihre infame Beschuldigung gegen mich wider besseres Wissen und Gewissen ausgesprochen haben, weil grade Sie den Beweis dafür haben mußten, daß ich nicht käuflich bin. — Ich berühre hier eine Sache, für die ich dem von Ihnen abgesandten Unterhändler Schweigen gelobt habe, unter der Bedingung, daß ich nicht zum Reden provocirt würde. Jetzt bin ich dazu provocirt; folglich rede ich!

Vor etwa acht Wochen kam eine mir nur oberflächlich bekannte Person, die ich für's erste noch nicht nennen will, in Ihrem Auftrage zu mir. Aus dem vielen Hinterthür-Reden derselben ging endlich der Vorschlag hervor, meine Angriffe gegen den Brand-Director Scabell fortan zu unterlassen und dafür eine Gratification von einigen Friedrichsd'ors zu nehmen. Hat Ihnen dieser Unterhändler nicht gesagt, was ich ihm erwiderte? Ich sollte es meinen; denn die nachfolgenden Verhandlungen beweisen es. Ich sagte ihm: „Jeder, der sich seit dem Jahre 1848 eingebildet habe, daß ich, meine Ueberzeugung und meine Feder käuflich seien, irrt sich. So hat man auch gemuthmaßt, daß ich die „Enthüllungen über das Victoria-Theater" im Solde Cerfs geschrieben; dies ist aber so wenig wahr, daß ich im Gegentheil dadurch einen erweisbaren Verlust von 30 Thalern erlitten. Ich habe überhaupt von Cerf — und zwar für einen mühsamen Actenauszug — nur 15 Thaler erhalten und diese noch dazu thalerweis, da er gar kein Geld besitze." (Und sehen Sie, daher allein wissen Sie die Geschichte von den 15 Thalern, die Sie so boshafterweise verleumderisch entstellt haben!) Ich setzte ferner dem Unterhändler den Grund meiner Angriffe gegen Scabell ganz in der Weise auseinander, wie ich ihn in Nr. 52 d. Bl. den Lesern auseinander gesetzt habe, und fügte hinzu, daß ich ihn nicht persönlich, sondern nur in seiner Handlungsweise angriffe, persönlich überhaupt gar nicht einmal kenne.

Ich erklärte ferner: „Der Grund meiner Angriffe über meine publicistische Pflicht hinaus, fällt fort, sobald Herr Scabell seine Injurienklage gegen mich ungeschehen macht, was allerdings im Untersuchungsverfahren nicht anders möglich ist, als dadurch, daß er die mir zuerkannte Geldstrafe von 50 Thalern nebst den Kosten, welche sich etwa auf 15 Thaler belaufen werden, selbst trägt, resp. bezahlt.

Der Unterhändler meinte, daß dies keine Schwierigkeiten haben werde, ging fort, kehrte mehrmals mit Vertröstungen wieder, daß Strafe und Kosten von Herrn Scabell gewiß bezahlt werden würden; aber endlich rückte er mit dem Bekenntniß heraus, daß die Summe dem Herr Branddirector zu hoch sei! — — Man hatte sich jedenfalls eingebildet, mich mit 2 Friedrichsd'ors kaufen zu können, hatte sich dabei aber gründlich blamirt, und aus eigner Wahrnehmung die Ueberzeugung gewonnen, daß ich denn doch nicht käuflich sei.

Und trotz dieser eignen Wahrnehmung, treten Sie, Herr Doctor beider Rechte, nunmehr mit der schon an und für sich aus physischen Gründen unsinnigen Behauptung auf: ich hätte mich dem Cerf für Geld mit Leib und Seele verbunden? — Ah, das ist mehr, als sich am Ende mit der Feder strafen läßt; denn es ist eine wider besseres Wissen und Gewissen verbreitete, also eine böswillige und niederträchtige Verleumdung, die eigentlich der Staatsanwaltschaft überantwortet werden müßte.

Hören Sie weiter, mein lieber Kalinsky des Branddirectors Scabell, dessen staubige Röcke Sie gewiß niemals versucht haben würden, rein zu klopfen, wenn er nur Branddirector geblieben und nicht auch zugleich allmächtiger Pascha über die Schauspieler und Schauspielerinnen des Victoria-Theaters geworden wäre. Denn nur in dieser seiner Stellung konnte es Ihnen rathsam erscheinen, ihm Ihren Klopfstock zu widmen, da dieser Ihnen die kleinen Vergnügungen der Antichambre eines Komödienhauses in Aussicht stellte, Vergnügungen, für welche die reichen Gecken unsrer Zeit ihre Thalerscheine, und die litterarischen, also die Menschen Ihres Schlages, ihre Alizarintinte massenhaft vergeuden.

Sehen Sie, es ist nur eine Kleinigkeit, aber es beweis't eben wieder, mit welcher knabenhaften Leichtfertigkeit Sie die Sätze Ihres Libells niedergeschrieben haben, wenn Sie sagen: ich betreibe mein Geschäft (Sie meinen damit meine Angriffe gegen Ihren hohen Herrn im „Charivari"!) wöchentlich drei Mal. Da nun aber der „Charivari" — wie Sie ja recht gut wissen, — wöchentlich nur zwei Mal erscheint; so haben Sie Ihre Worte jedenfalls geschrieben, ohne darüber nachzudenken, und ohne Ihr Manuscript vor dem Abdrucke noch einmal durchzulesen. Sie haben also bei einer die Ehre von Männern betreffenden Sache wie ein leichtsinniger Knabe gehandelt; oder aber — und das dünkt mich nach Form und Inhalt der Schrift das Allerwahrscheinlichste! — Ihre ganze Brochure ist in der Besoffenheit geschrieben, im Rausche eines der Theater=Soupers, für deren Theilnehmerschaft Sie als echter und gerechter Geck Hab und Gut, Ehre und Ruf, Kopf und Kragen in die Schanze schlagen mußten.

Die Widerlegung der Behauptung, es gebe in Berlin kein Mann von Ehre mit mir um, wodurch Sie alle Diejenigen, welche mit mir umgehen oder mich schätzen und achten, für ehrlose Menschen erklären, muß ich diesen Männern selbst überlassen; und es könnte demnach passiren, daß Ihnen einige derselben den Beweis ihrer Ehrenmännerschaft auf die empfindlichste Weise documentirten. Ich selbst will mich darauf beschränken, Ihnen wenigstens ein Subject (Sie borgen mir wohl diesen Ihren Lieblingsausdruck für einige Sätze?!) also ein Subject zu nennen, das mir noch vor Kurzem einen unzweideutigen Beweis seiner Hoch= und Werthschätzung abgelegt hat, ein Subject, von dem Sie ganz gewiß, aber auch wahrscheinlich nur Sie allein vollkommen überzeugt sind, daß es ein Mann von Ehre ist. Dieses Subject heißt nämlich Gustav Rasch, nennt sich Doctor beider Rechte, und steht gegenwärtig in literarischen Diensten des Theater= und Branddirectors Scabell. Der erwähnte Beweis von Hoch= und Werthschätzung, den dieses Subject mir, wie gesagt, abgelegt hat, besteht in der Uebersendung eines Exemplars der Schrift: „Frei bis zur Adria", von G. Rasch, Doctor beider Rechte, und trägt auf dem Titelblatte die von dem berühmten Verfasser höchsteigenhändig geschriebene Widmung: „Dem Redacteur Held — der Verfasser." — Des is wol noch nischt? —

Da Sie nun, wie ich vermuthe, dieses Subject ziemlich genau kennen werden, so können Sie es ja fragen, ob das nicht wahr ist, was ich hier von seiner Hoch= und Werthschätzung für mich gesagt habe, und außerdem müssen Sie ja dann auch wohl wissen, ob jenes Subject wirklich ein Mann von Ehre ist oder nicht. Ist er's; dann freilich hätten Sie auch darin wieder gelogen; ist er's aber nicht, — na denn nich! — denn dann werden's die andern Personen, die mit mir umgehen, ganz gewiß sein.

Und stellen Sie Sich einmal vor, was für ein Subject dies Subject sein muß! Sie kennen ja den „Charivari", den ich redigire; Sie wissen also — und können es auch in G. Rasch's neuester Schmähschrift gedruckt lesen, daß dieser „Charivari" ein „elendes" Blatt ist, voll von frechen Angriffen gegen Personen und Behörden; (auch Behörden — horribile dictu!) daß ferner dies Blatt so frech ist, sich mit dem Mantel des Liberalismus zu umkleiden, — mit dem Mantel, verstehen Sie wohl? also blos zum Schein! denn in Wahrheit geht es hinsichtlich seiner reactionären Tendenz noch weit über die Kreuzzeitung hinaus. Ich kann Ihnen nämlich sub rosa versichern, daß der Redacteur dieses elenden Blattes die frevelhafte Idee hat, Deutschland noch mehr zu zerstückeln, als es schon der Fall ist. Hörte ich ihn nicht neulich sagen: „Wenn Deutschland denn schon nicht ein einheitlicher Staat werden soll, so wünschte ich, es würde gleich in so viele Fürstenthümer getheilt, daß jeder volljährige Deutsche ein Fürstenthum für sich bildet!" — Er gab dieser frechen reactionären Idee sogar einen Namen; denn er nannte solchen Zustand eine Individuckratie.

Nun denken Sie also, daß jenes Subject-Subject, von dem ich oben sprach, und das Sie so gut kennen, der G. Rasch nämlich, sich aller Scham so sehr entäußerte, daß er dem Redacteur dieses „elenden Blattes" eines seiner Bücher zuschickte, mit der Bitte, es in diesem (elenden) Blatte mit der ihm (dem Redacteur) eignen treffenden und geistreichen Feder anerkennend zu besprechen.

Und wissen Sie nun, was dieser elende Mensch von Redacteur hierauf that? Statt außer sich zu sein über die Ehre, das Buch in seinem Blatte erwähnen zu dürfen, war er so frech, beim Durchlesen des Buches so viele Ungeheuerlichkeiten zu finden, daß er mehr als die Hälfte des Inhalts für erdichtet und erlogen halten mußte, ein Verdacht, der sich bei einer späteren Schrift, einem Libell desselben Herrn Verfassers, allerdings auf's Schlagendste bestätigt hat. Der Redacteur des elenden Blattes nahm daher von dem Buche gar keine Notiz, und der Herr Verfasser, G. Rasch, Doctor beider Rechte, war abermals gründlich abgeblitzt. — Ist das nicht infam? und verdiente es nicht eine ganz exemplarische Rache? — Doch ich sehe eben, wenn ich in dieser Weise fortfahre, Ihnen höchst wahrhaftige Mord-, Räuber- und Brandgeschichten zu erzählen, so kommt das Manuscript nicht zur rechten Zeit in die Druckerei und das „elende Blatt", welches sogar Behörden angreift und doch blos den Mantel des Liberalismus umhat, kann nicht rechtzeitig erscheinen.

Wenn Sie meine Artikel über Herrn Scabell so geschickt geschrieben finden, daß nur der „Wohlunterrichtete" im Stande ist, in demselben die wahren Elemente von den falschen zu sondern, und die letzteren herauszufinden; so möchte ich doch um Alles in der Welt willen wohl wissen, warum denn weder Herr Scabell noch sein Kalinsky G. Rasch, die sich doch gewiß zu den Wohlunterrichtetsten rechnen werden, jene unwahren Elemente nicht herausgefunden und sie dem Staatsanwalt als Verleumdungen denuncirt hat. — Da Herr Scabell gleich bei dem ersten über seine Verwaltung geschriebenen Artikel den Beweis geliefert hat, daß er auch bei dem leisesten Angriffe sogleich zum Richter läuft und um Schutz gegen seine so leicht gefährdete Ehre bittet, so kann er doch bei den späteren, ungleich stärkeren, seine Ehre bei weitem mehr bloßgebenden Artikeln sich nicht damit ausreden: es sei ihm nicht der Mühe werth, zu klagen. Hieraus folgt mit einer Art mathematischer Logik, daß kein Theil der vom „Charivari" veröffentlichten Scabelliana Unwahrheiten enthalten, sondern daß vielmehr die Behauptung des G. Rasch'schen Libells, es seien immer drei wahre Thatsachen mit drei unwahren oder erlogenen zusammengewürfelt, eben wieder Nichts ist, als eine Rasch'sche Behauptung, d. h. eine Lüge, resp. eine Verleumbung.

Dagegen will ich nun meinerseits diesem lustigen Doctor beider Rechte nachweisen, wie er es ist, der — wenn ja einmal ein wahres Wort aus seiner Feder kommt, — es gleich mit mehren unwahren zusammen würfelt. So erzählt er: ich hätte mit den „Enthüllungen" debutirt; dann seien eine Menge von Schmähartikeln über die amtliche Thätigkeit des Branddirectors gefolgt. Diese Artikel seien giftig und boshaft, aber immer so gefaßt gewesen, daß sie mit den Strafgesetzen nicht collidirten. „Einmal aber vergaß sich Held, überschritt diese Schranke und wurde zu 50 Thalern Geldbuße verurtheilt." — Hier haben wir also abermals einen schlagenden Beweis von der knabenhaften Leichtfertigkeit, mit welcher der Kalinsky des Theater= und Branddirectors Thatsachen dargestellt, und sein Ehrenwort für die Richtigkeit derselben einsetzt! — Der Artikel, wegen dessen ich in erster Instanz zu 50 Thalern, in zweiter aber jetzt erst nur zu 30 Thalern verurtheilt worden bin, gehört gar nicht den Artikeln an, von welchen die Rasch'sche Schmähschrift hier spricht. Er ist ein der Redaction eingesandter, von mir zum Abdruck gebrachter Brief gewesen, der noch vor dem Abdrucke der „Enthüllungen ꝛc.", also lange vor den hier in Rede stehenden Artikeln im „Charivari" veröffentlicht wurde. — Was soll man nunmehr von einem solchen vorlauten und naseweisen Knaben halten, der eine einfache und an und für sich sehr gleichgiltige Thatsache auf den Kopf stellt, blos um sagen zu können: „Einmal vergaß sich Held!"? — Es ist überaus kindisch!

Aber vollends zum Wälzen ist nun wohl, wenn ein Menschenkind, welches sich Doctor beider Rechte nennt, mit der

Behauptung auftritt: „Bis jetzt hat er (Held) sich geweigert, das Erkenntniß im „Charivari" abzudrucken." — Mein Herr Doctor beider Rechte, wenn man Sie im gemeinen und canonischen Recht (das sind ja wohl Ihre beiden Rechte?!) nicht besser unterrichtet hat, als im preußischen Rechte; dann lassen Sie Sich doch Ihr Lehrgeld ja wieder zurückgeben; denn alsdann sind Sie schändlich darum geprellt. — Vom preußischen Rechte wissen Sie effectiv noch nicht so viel, wie ein simpler Buchdrucker wissen muß, wenn er von der P.üfungscommission nicht mit Schimpf und Schande weggejagt werden will. Und ein Mensch, der — wie Sie — die Prätension hat, sich Schriftsteller zu nennen, sollte doch wenigstens den § 163 des Strafgesetzes kennen, und es wissen, daß ein Strafurtheil erst nach beschrittener Rechtskraft zum Abdrucke gebracht zu werden braucht. — Sie, mein Herr Doctor beider Rechte, der Sie von dem Ihnen am nächsten liegenden preußischen Rechte so gar nichts wissen, haben Sich also auch hierin wieder blamirt. Denn daß ich weit entfernt bin, mich des über mich verhängten Urtheils von 30 Thalern Kraft zu schämen; daß ich es mir vielmehr zur Ehre anrechne, wegen meines Angriffs gegen Herrn Scabell vom weltlichen Richter bestraft worden zu sein, (wie ja Jesus Christus auch für seine Angriffe gegen die Pharisäer von den Richtern bestraft worden ist!) — das habe ich schon im „Charivari" mehr als zur Genüge bewiesen.

Also packen Sie ein, Herr Doctor beider Rechte ohne Rechtskenntniß; packen Sie schleunigst ein! Denn wie Sie Sich auch drehen und wenden, wohin Sie auch treten und tappen, — überall und in jeder Weise sind Sie blamirt, compromittirt und prostituirt! Ich lasse Ihnen nicht das kleinste Löchelchen zum Hindurchschlüpfen. Sie müssen mir auf All und Jedes, für die geringste Sylbe Rede stehen, die Ihre Knabenhaftigkeit hat drucken lassen. So sagen Sie mit einer Gleißnerei, die mich in Ihnen einen Jünger Loyola's wittern läßt: „Held weiß recht gut, daß — indem ich nur diese Seite seines schmachvollen Handelns erzähle — ich ihn schone. Ich habe mich in den Stand gesetzt, auch eine andere Seite kennen zu lernen."

Und warum reden Sie nicht von dieser andern Seite, Herr Gustav Rasch? Wissen Sie nicht, daß — wer Andeutungen solcher Art macht und seine Beschuldigungen nicht gleich ohne Punkt oder Semikolon der Andeutung auf dem Fuße folgen läßt, daß ein solcher Mensch in den Augen eines Gerichtshofes der Ehre ein Feigling ist — un lâche, wie ihn der Franzose mit noch größerm Ausdrucke der Verachtung bezeichnet?!

Wahrhaftig, Ihr infames Libell wimmelt von Beleidigungen aller Art gegen allerhand Personen; es ist auch gewiß nicht arm an Beleidigungen gegen mich. Für mich enthielt es aber in Wahrheit nur eine Beleidigung; und das ist die: daß Sie die bubenhafte Frechheit haben, sich das Ansehen zu geben, als wollten Sie mich schonen. Wenn Sie also nicht für ewige Zeiten ein Feigling, an lâche sein und bleiben wollen; so fordere ich Sie hiermit heraus, haarklein und mit gehörigen Beweisen unterstützt, „die andere Seite" anzugeben, von der Sie mich kennen gelernt haben wollen. Und wenn Sie dieser Provocation nicht binnen hier und acht Tagen entsprechen, (wozu ich Ihnen — falls es Ihnen an irgend einem Zeitungsraum mangelt — den Raum des „Charivari" gratis anbiete!!) so erkläre ich Sie für unwürdig, sich je noch im Kreise anständiger und ehrliebender Männer sehen zu lassen, und werde von Jedem, der Sie daraus durch einen Hundstritt entfernt, annehmen, er habe die Pflicht eines Ehrenmannes gegen Sie erfüllt.

Auch des Preußischen Volksblattes und des Herrn Dr. Keipp haben Sie hier erwähnt. Ich will Ihnen in Betreff dieses Herrn den guten Rath geben, sich nicht wieder, wie Sie das damals gethan, als er Ihre Schloßgitterräuberei dem Königlichen Brand-Director gegenüber gestellt hatte und Sie kläglich baten, doch mit solchen Angriffen aufzuhören — sich also nicht wieder mit Gewalt bei ihm einzudrängen, den er würde Ihnen wahrscheinlich in sehr fühlbarer Art die Thür weisen, weil Sie in Ihrer undelikaten schamlosen Weise ein Privatgespräch und noch dazu vollständig wahrheitswidrig in die Oeffentlichkeit gebracht haben. Wie kann man aber auch von Gustav Rasch Delikatesse, Zartgefühl und Bewußtsein des Anstandes verlangen?

Auch den Hrn. Dr. Gumbinner, den Redacteur der Spenerschen Zeitung, haben Sie genannt als den, der meine Artikel inhibirt hätte.

Sie haben wohl den Artikel der Spenerschen Zeitung nicht gelesen, in welchem eine Ihrer Reclamen nur theilweise mit der Bemerkung enthalten war, daß Sie ersucht seien, nichts weiter über diese Angelegenheit zu bringen.

So stehen Sie denn auch hier überall als der verächtlichste Lügner und Verleumder an dem Pranger der Oeffentlichkeit da! ich bin wirklich begierig zu erfahren, ob sich in Berlin noch ein Hund findet, der ein Stück Brod von Ihnen nimmt.

Um vollständig zu sein, will ich Ihnen hier auch noch die Antwort des Herrn Dr. Eichhoff hinsetzen, eines der Wenigen, denen Sie Honig um den Mund zu schmieren versucht haben:

Die ebenso zweideutige wie unberechtigte Weise, mit welcher Herr Dr. G. Rasch in seiner Brochüre über das Victoriatheater meine Person einführt, zwingt mich zu folgender Erklärung:

Bei dem in Rede stehenden Besuch des Hrn. Rasch (am 15. März c.) handelte es sich darum, die Fortsetzung eines von mir geschriebenen Aufsatzes zu inhibiren, in welchem die Handlungsweise des Hrn. Scabell gegen Hrn. Cerf einer scharfen Kritik unterworfen war. Hr. Rasch machte mir den Vorschlag, mit ihm zu Hrn. Scabell zu gehen, in die Acten des Theaters Einsicht zu nehmen, um die Ueberzeugung zu gewinnen, daß Hr. Scabell unmöglich anders hätte handeln können, als er gehandelt habe. Jeden hierauf bezüglichen Vorschlag lehnte ich entschieden ab, was indeß Hrn. Scabell nicht hinderte, wenige Tage später in einem vertrauten Kreise zu erzählen: ich sei bei ihm gewesen u. s. w.; er könne jetzt gegen meinen Aufsatz schreiben oder schreiben lassen, was er wolle, ich würde Nichts weiter erwidern; es sei ihm aber viel zu verächtlich, auf solche Machinationen sich einzulassen u. s. w. Trotzdem diese Unwahrheiten des Hrn. Scabell meine schriftstellerische Ehre in empörender Weise verletzten, habe ich dennoch verachtend dazu geschwiegen; wenn aber vice versa Hr. Rasch von mir behauptet, ich hätte in Folge der durch ihn erhaltenen Aufklärungen mit Verachtung von solchen „Subjecten" wie Cerf, mich abgewandt, so muß ich darauf erwidern, daß die Subjecte Cerf und Scabell mich durchaus Nichts angehen, da ich zu Keinem von Beiden in irgend welchen Beziehungen stehe: was aber den Rechtsstreit Cerf contra Scabell betrifft, so bin ich noch heute der Meinung, daß die Agitationen des Hrn. Scabell, durch welche er die Rechtsansprüche des Hrn. Cerf zu beeinträchtigen sucht, wohl unter Privatleuten geduldet werden müssen, weil sie den bestehenden Rechtsvorschriften nicht zuwiderlaufen; wenn aber ein Königlicher Commissarius, um in einem usurpirten Besitz widerrechtlich sich zu behaupten, jetzt z. B. sich hinter die Gläubigerschaft steckt und diese zu Kündigungsdrohungen veranlaßt, die im Wege der Immediateingaben zu offensiblen Zwecken dem Oberhaupt des Staates insinuirt werden, so ist das ein Manöver, welches weniger den Königlichen Commissarius compromittirt, als es mit der Würde der die Krone repräsentirenden Behörde, die ihn eingesetzt hat, völlig unvereinbar ist. Möge die Sache übrigens einen Verlauf nehmen, welchen sie wolle: jedenfalls dürfte es schwer halten, aus irgend einem Schmutzwinkel der Manteuffel-Hinkeldey-Wirthschaft ein Stückchen herauszufinden, welches dem Wirrwarr von Rechtsstreitigkeiten und Schleichintriguen um den Besitz des Victoriatheaters als ebenbürtig an die Seite gesetzt werden könnte.

Berlin, 9. Juli 1860.   Dr. W. Eichhoff.

Das der gerechte Lohn für hündische Kriecherei.

Angenommen nun aber auch, ich hätte die Presse benutzt, um

meine gerechte Sache in's wahre Licht zu stellen. — Was hatte ich denn gethan, als Ihnen gefolgt, der für die ungerechteste Sache eine Reclamenfabrik eingerichtet hatte, wie sie so ausgedehnt hier noch nicht gesehen worden ist. Tagtäglich bestürmten Sie die Zeitungen mit Ihren Reclamen, fast täglich schrieben Sie an diesen oder jenen Ihnen bekannten Schriftsteller, um ihn für Scabell geneigt zu machen, ja selbst hinter die Frauen der Schriftsteller steckten Sie sich, um durch diese auf die Männer einzuwirken. Und welche Reclamen schrieben Sie? Nichts als Lügen und Lügen, nichts als Verherrlichungen erbärmlicher Stücke und noch erbärmlicherer Leistungen, und dies in einem Styl, der den Redacteuren, die ihn lesen mußten, Uebelkeiten verursachte, und bei dem Publikum die größte Heiterkeit hervorrief. Während Sie selbst also in der unverschämtesten aufdringlichsten Weise die Presse benutzten, während Sie mich beleidigten und verleumdeten, wo Sie nur konnten, machen Sie es mir zum Vorwurf, daß ich meine Hände nicht ruhig in den Schooß legte, daß ich die Presse anwendete, um mich gegen ungerechte Angriffe zu vertheidigen.

So närrisch sind Sie nun aber einmal. Was Ihnen paßt, ist ehrenwerth, was anderer Ansicht ist, als Sie, ist ehrlos. Wer kann darüber mit einem Menschen streiten, für den die Charité der einzig passende Aufenthalt ist.

Plaudern wir nun ein wenig über meinen und des Herrn Directors Wallner Vorschlag der Uebernahme des Victoria-Theaters an Stelle des Scabell. Daß Sie auch hier gelogen, wie überall, wo Sie Thatsachen aufstellen, hat Ihnen Herr Wallner bereits öffentlich gesagt.

Aber damit sind Ihre Lügen über diesen Fall noch lange nicht beendet, es ist vielmehr noch eine so große, so schamlose und dabei so gefährliche Lüge in Ihrer Darstellung des Sachverhältnisses enthalten, daß ich dieser besonders entgegen treten muß. Zugeben muß ich dabei übrigens, daß Sie diese Lüge Ihrem Herrn nur nachgelogen haben, da sie derselbe schon vor einigen Wochen öffentlich mit seinem Namen vorgebracht hatte. Es betrifft dies die Behauptung, es habe die Krone die Garantie für alle auf dem Victoria-Theater haftenden Schulden übernommen und werde dieselbe zurückziehen, sobald Stabell sein Amt niederlege. Diese Garantie ist aber niemals gegeben worden, und es war dieser große Schwindel nur gemacht, um die kleinen Handwerker an die Fahne zu fesseln, die sie längst verlassen haben würden, wenn ihnen nicht lügenhafter Weise von einer königlichen Garantie etwas vorgefabelt worden. Der Beweis für die Richtigkeit meiner Behauptung, für die Schamlosigkeit, mit welcher Seitens meiner Angreifer verfahren wird, für das Unheil, in welches sie die von ihnen bethörten Handwerker stürzen, ist nachfolgendes Schreiben des königlichen Hausministerii vom 12. Juni d. J., welches wörtlich also lautet:

Mit Bezug auf Ihre Eingabe vom 8ten d. Mts., wonach mehrere der Ouvriers, welche den Vertrag vom 7ten Mai pr. geschlossen, es ablehnen, diesen Vertrag aufzuheben, fordere ich Sie auf, in Zahlen anzugeben, welche Forderungen der widerstrebende Theil der Baugläubiger noch aus dem gedachten Vertrage hat. Selbstverständlich kommen dabei nur diejenigen Arbeiten in Betracht, welche in der jenem Vertrage annectirten Specification bezeichnet sind, nicht aber anderweitige, wenn auch zu dem gleichen Zwecke ausgeführte Arbeiten derselben Ouvriers. Wenn, wie Sie anzeigen, mehrere derselben, in Folge der projectirten Rückgabe der Theater-Verwaltung an Sie, Ansprüche zu verlieren fürchten, welche denselben vermeintlich an das unterzeichnete Ministerium oder das Kronfideicommiß zustehen, so befinden dieselben sich im Irrthum. Das Ministerium oder das Kronfideicommiß hat den Bauhandwerkern gegenüber keine Verpflichtung, mögen sie Namen haben, welchen sie wollen, weder durch den Vertrag vom 7ten Mai pr., bei welchem dasselbe sich in keiner Weise betheiligt hat, wie der Inhalt ergiebt, übernommen, noch lassen sich derartige Verpflichtungen anderweit aus den Vorgängen herleiten. Für die Behauptungen des Gegentheils fehlt es so sehr an allem Anhalt, daß, wenn bisher etwas Derartiges angeführt ist, es bei dem Ungrunde desselben nicht nöthig geschienen hat, dieselben ausdrücklich zu widerlegen.

Berlin, den 12. Juni 1860.
Für den Minister des Königlichen Hauses.
Vermöge Allerhöchsten Auftrages.
v. u. zur Mühlen.
An den Theater-Unternehmer, Herrn Cerf, Wohlgeb.

Wem werden die Bauhandwerker glauben, mein sauberer Herr, Ihnen, der öffentlich der gröbsten Lügen überführt ist, Ihrem Herrn und Meister, der in diesem Schreiben von amtlicher Seite her der Lüge geziehen wird, oder dem königlichen Hausministerio? Wird auch wohl noch ein einziger der braven Arbeiter, die Sie und Ihr Herr köderten und dupirten, ferner zu Ihnen halten, wenn er amtlich erfährt, daß die Krone nicht die geringste Verpflichtung den Bauhandwerkern gegenüber anerkennt, daß sie jede Betheiligung an dem Vertrage vom 7. Mai 1859 ablehnt und nicht die geringste Garantie für irgend eine Bauforderung übernimmt?

Ich bedauere von ganzem Herzen die armen braven Arbeiter, welche sich auf diese plumpe Weise haben täuschen lassen und welche schon jetzt dafür dadurch büßen müssen, daß sie trotz aller Versprechungen nicht einen Pfennig Geld von dem erhalten, für den sie sich haben in's Feuer führen lassen.

Ob es mir und Herrn Wallner ernst mit dem Antrage gewesen ist, das Theater zu übernehmen, darüber haben Sie ebensowenig ein Urtheil, wie über die Fähigkeiten des Herrn Wallner, wie über die Intentionen des Abgeordneten Herrn Duncker, den Sie schamlos genug sind, ebenfalls in Ihren Schmutz herabzuziehen, weil er es gewagt hat, Ihren Herrn und Meister öffentlich zu tadeln und seine Verwaltung wahrheitsgemäß zu beleuchten. Herr Wallner hat bewiesen, wer und was er ist, er bedarf meines Lobes nicht, er verachtet den Tadel eines Elenden, wie Sie; dessen ungeachtet will ich aber hier aussprechen, was ganz Berlin seit Jahren anerkennt, daß Herr Wallner einer der tüchtigsten Bühnenleiter der Gegenwart ist, daß der immer mehr steigende Ruf seines Theaters dies bestätigt und daß ich der festen Ueberzeugung bin, mit ihm und unter ihm wird das Victoria-Theater wirklich die Höhe erreichen, von der nur die größte Unfähigkeit es bisher fern gehalten hat. Ueber Herrn Cornet ist bereits der Stab gebrochen, obwohl er die italienische Operngesellschaft herbeigeschafft, obwohl er allein also den sonst unvermeidlichen Sturz des Theaters aufgehalten hat. Er ist mit Recht über ihn gebrochen worden, weil er es duldete, daß Scabell die unfähigsten Kräfte mit theurem Gelde engagirte, weil er Ihre Einsprache in Dinge, von denen Sie gar keinen Begriff haben, sich gefallen ließ; weil er nicht energisch seinem Willen folgte, der, ich weiß es bestimmt, stets ein verständiger war. Aber mit Personen um sich, die mit Brutalität auftreten und ohne jeden Kunstverstand an Trivialitäten Gefallen finden, welche Zoten für Witze halten und ihren einzigen Halt im Maschinenmeister suchen — ja mit solchen Personen um sich würde selbst Apollo zum elenden Stümper herabsinken. Und beginnt man nicht auch bereits über Herrn Hein den Stab zu brechen? Ich will dessen Verdienste keineswegs voreilig in Abrede stellen, denn ich kenne sie nicht, verdächtig ist es aber jedenfalls, daß er sich von Ihnen loben läßt, daß er mit Ihnen in der Stadt umher fährt, mit Ihnen Visiten macht und sich durch Sie vorstellen läßt, daß er heut noch nicht weiß, was er morgen geben wird, daß er die ältesten und abgedroschensten Stücke aufführt,*) die keinen Menschen mehr in das Theater locken — man hat gesehen, daß an Tagen, an welchen die Legrain nicht tanzt, das Haus leer war und daß die wenigen Gäste nicht einmal im Zuschauerraum, sondern im Garten sich aufhielten. So viel ich gehört habe, ist Herr Hein ein persönlich liebenswürdiger Mann, sein Umgang mit Ihnen beruht selbstverständlich auf seiner Unkenntniß der hiesigen Verhältnisse und Ihres Rufes — wie ich höre, hat er sich auch bereits von Ihnen zurückgezogen — ich habe es aber nicht unterlassen können, hier seiner in gerechter Weise zu erwähnen, weil Sie ihn glorificiren gegenüber einem Manne wie Herr Wallner, dessen jahrelange hiesige Thätigkeit, dessen bedeutende Erfolge, dessen finanzielle Verhältnisse für gediegene und bewiesene Tüchtigkeit bürgen.

Was den Abgeordneten Herrn Duncker anbelangt, so werde ich in dieser Beziehung kein Wort verlieren. Wer seinen König beraubt, dem kann man es nicht übel nehmen, wenn er einen Abgeordneten des Volks verunglimpft, indem er ihn als einen Mann hinstellt, der ohne sein Wissen sich zu einer Intrigue hat

---

*) Ein eclatantes Beispiel der Verwaltung liefert der Abend des 19. Juli d. J. Die Vorstellung konnte erst gegen 1/28 Uhr, also eine Stunde zu spät, beginnen, weil die Schauspieler nicht anwesend waren.

gebrauchen laſſen, die Rednerbühne alſo entehrt hat. Hier ein Wort der Vertheidigung zu ſagen, wäre eine Ehre für Sie, die Ihnen angethan zu haben, ich mir niemals verzeihen würde.

Auch in Betreff meines Proceſſes gegen den würdigen Scabell habe ich Ihnen nur wenige Worte zu ſagen. Jeder vernünftige Menſch, der einen Proceß anſtrengt, denkt ihn zu gewinnen; auch ich ſtrengte den Beſitzſtörungsproceß nur in der feſten Ueberzeugung an, daß ich im Rechte ſei und daß ich ihn gewinnen müſſe. So ſehr unhaltbar, wie Sie meinen, muß der Proceß denn doch nicht geweſen ſein, denn er wurde erſt nach wochenlanger Beweisaufnahme entſchieden und ſogar in der freilich gegen mich ſprechenden Entſcheidung das Fundament meiner Klage als richtig anerkannt und nur die Art der Klage nicht für richtig erachtet. Daß Sie einen Proceß, der vor Aller Augen in voller Oeffentlichkeit geführt wird, bei dem die tüchtigſten und bewährteſten Juriſten ihre Meinungen austauſchen und begründen, daß Sie es eine Intrigue nennen, wenn Jemand im geſetzlichen Wege ſein Recht verfolgt — das iſt der klarſte Beweis für Ihre Unzurechnungsfähigkeit, für Ihren völligen Mangel an Urtheil. Der Doctorfabrik zu Zürich, der Sie ja wohl Ihr Diplom als Doctor beider Rechte verdanken — es wollte alſo ſelbſt für vieles Geld keine deutſche Univerſität dem unfähigen Referendar zu einem Titel verhelfen? — gereicht es auch gerade nicht zur Ehre, einen ſolchen Narrendoctor oder Doctornarren — Sie können wählen — in die Welt geſetzt zu haben. — Daß ich Scabell, ſeinen Diener natürlich voran, vor das Theater geſetzt hätte, wenn ich gewann, warum ſoll ich das leugnen — daß ich mich nicht gefreut habe, als ich meinen Proceß verlor, warum ſoll ich dies leugnen? Irrthum iſt nun einmal aber das Loos aller menſchlichen Dinge und ich habe mich tröſten müſſen mit dem Gedanken, daß ja auch Ihnen, dem Schlaueſten der Schlauen, dem Ehrlichſten der Ehrlichen, Manches mißglückte, was Sie zur Verherrlichung Ihres werthen Ichs zu thun unternahmen. Denn während Sie z. B. durch Ihren lächerlichen Angriff gegen mich ſich in der öffentlichen Meinung emporzuarbeiten glaubten, ſind Sie dadurch als ein ebenſo geiſtloſer wie frecher Lügner, als ein Menſch

ohne Ehre und ohne Verstand der geistigen Prostitution anheim=
gefallen und werden schließlich an die Luft jenseits der Logen des
Victoria=Theaters gesetzt werden. Sie sehen also, daß Jeder sich irren
kann, nur findet der Eine seinen Trost darin, daß man ihn be=
dauert, während der Andere sich seiner Ehrlosigkeit halber unsterb=
lich blamirt.

Doch ich muß enden, ich habe schon übergenug mich mit Ihrem
Unsinn abgegeben.

Nur das will ich noch erwähnen, daß auf dem Namen meiner
Frau nicht 30,000 Thlr. im Hypothekenbuche eingetragen stehen,
sondern — nicht ein Pfennig, daß ich den Baugläubigern nicht eine
Hypothek von 50,000 Thlr. als Lockspeise hinhalte, sondern daß dieselbe
längst deren Eigenthum geworden ist, daß ich nicht begreifen kann,
wie die angeblich durch einen Prozeß entstandene Krisis 10,000
Thlr. gekostet haben soll — es wäre dies wenigstens ein sauberes
Verwaltungsstückchen des Herrn Scabell — und daß ich nicht daran
denke, mein Theater in Concurs gerathen zu lassen, daß ich aber
der festen Ueberzeugung bin, es wird nach wenigen Monaten der
Concurs absichtlich herbeigeführt sein — wenn diese Verwaltung
fortdauert.

Denn das Victoria=Theater — es ist im vollständigsten Ver=
fall. Die Mitglieder der Bühne sind mit wenigen Ausnahmen
vollständig unbrauchbar und moralisch von weniger Haltbarkeit —
ich erinnere Sie an die Prügelei in Pichelsberg, die einer anstän=
digen Gesellschaft vollkommen unwürdig ist, ich erinnere Sie an
die auch Ihnen bekannte Thatsache, daß ein College den andern
beim Verkaufe von Wechseln betrogen hat*) — die Stücke werden
vor dem Auspfeifen größtentheils nur durch die Aufwendung un=
geheurer Summen gerettet, die in gar keinem Verhältniß zu dem
Werth des Stückes und zu den erzielten Einnahmen stehen; nur
fremde Künstler, die mit ungeheurem Gelde aufgewogen werden
müssen, ziehen noch das Publikum an, die Billets werden zu Hun=

---

*) Kennen Sie auch den Schauspieler nicht, der seine Billets verkauft
und der von Scabell nicht fortgejagt worden ist, obwohl dieser die schla=
gendsten Beweise erhalten hat?

derten verschenkt, damit nur Menschen im Hause zu sehen sind, und zwar so ungeschickt verschenkt, daß im ersten Rang der Straßenreiniger mit seiner Frau sitzt, und kein Baugläubiger wird bezahlt, ja selbst die Hypothekenzinsen werden nicht entrichtet, weil kein Geld in der Kasse ist. Das nennen Sie ein Institut in voller Blüthe, das nennen Sie eine Verwaltung, welche die größte Zukunft hat — freilich mit der Ihnen gewiß unwillkürlich entschlüpften ironischen Bemerkung, daß ein Hausminister zur Hand sein müsse, dem es auf einige Tausend Thaler nicht ankommt. Ja, wenn man stets einen solchen Minister zur Hand hätte, dann wäre es eine rechte Kunst, Theaterdirector zu sein, dann würden Sie selbst ein Puppen-Theater dirigiren können, ohne in den ersten acht Tagen vor Hunger umzukommen.

Von diesem glänzenden Zustande des Theaters komme ich jetzt auf dem natürlichsten Wege auf den, der diesen Zustand herbeigeführt hat und der sich dafür noch von Ihnen auf jede Weise lobhudeln läßt. Sie haben mir Intriguen zum Vorwurf gemacht, Sie haben den ehrlichen, humanen*) Scabell, der längst eine Lorbeerkrone erhalten hätte, wenn ihm nicht ein gefülltes eisernes Geldspinde lieber wäre, gegen Intrigue und schmähliche Angriffe vertheidigen wollen — was sagen Sie nun aber dazu, wenn ich Ihnen beweise, wie Scabell mit Hilfe seines Prügeljungen, des Doctors beider Rechte, Rasch, auf die eclatanteste Weise intriguirt hat — um seine 1500 Thlr. und seine Obergewalt über die Choristinnen und Kehrmädchen des Theaters behalten zu können.

Hier die Beweise, denn ich belege stets mit Beweisen, was ich sage.

Als die Eröffnung des Theaters bevorstand, wurde ein hiesiger Schriftsteller mit der Abfassung einer Brochure über die Entstehung des Theaters beauftragt. Der Brief, in welchem der

---

*) Hier ein Beweis für die Humanität Scabells. Er hat meine Zimmer erbrechen lassen lassen, in denen sich Betten und Wäsche meiner Frau und meines Kindes — der Pathe seiner eigenen Tochter — befanden und diese Sachen bis heut nicht herausgegeben.

Beauftragte des Scabell über den Inhalt dieser Brochure mit der Bemerkung: „ich habe heut Scabell selbst gesprochen", sich ausläßt, enthält wörtlich folgende Stelle: „Halten Sie das Ganze ein bischen pikant! Es kann hier und da leise geschimpft werden. (Entre nous, Scabell hat nichts dagegen, wenn Einige scharf mitgenommen werden.) War das wohl Cerf, auf den geschimpft werden sollte?

Nun, ist das nicht ein ganz netter Anfang für einen ehrlichen humanen Menschen?

Während Scabell den hohen Herrschaften, dem Herrn Minister und seinem Chef versicherte, daß er mit Freuden von der Verwaltung zurücktreten werde, ließ er durch seinen Diener Rasch die Schauspieler und Beamten des Theaters, so wie einen Theil der Baugläubiger zusammenrufen und dieser veranlaßte sie durch die schändliche Lüge, so lange Scabell Verwalter des Theaters bleibe, müsse Seine Königliche Hoheit, der Prinz-Regent, für ihre Schulden aufkommen, zum Unterschreiben einer Eingabe, in welcher sie um Belassung des Scabell bitten mußten.

Nun, ist das nicht eine ganz nett angelegte Intrigue?

Im Winter erfuhren Herr und Diener zufällig, daß ein Schuhmacher Kegel aus Hamburg hier sei, der mich kenne. Sie wußten den Mann zu Scabell zu locken; dort wurde er mit Wein und Cigarren regalirt und anscheinend harmlos über mich ausgefragt. Dabei setzten Sie, der die Intrigue haßt, sich hin und schrieben nieder, was Ihnen einfiel; Sie wurden aber, als der Mann auf Sie aufmerksam wurde, nach dem Grunde Ihres Benehmens fragte und erfuhr, man wolle über mich etwas wissen, damit es dem Regenten mitgetheilt werden könne, der mich immer noch in Schutz nehme, sehr unangenehm abgeführt, wobei der Mann Ihnen erklärte, er wisse nichts Schlechtes von mir, wundere sich aber sehr, daß man ihn für einen Denuncianten halte.

Ist dies nicht ein recht feines, eines ehrlichen Mannes würdiges Stückchen?

Und was sind denn Ihre Reclamen über die Vortrefflichkeit Ihres Herrn, was sind denn Ihre lügenhaften Zeitungsangriffe gegen mich anders, als Scabell'sche Intriguen. Ich habe meine Entgegnungen mit meinem Namen unterschrieben, Ihr hoher Gönner aber steckte sich hinter einen Menschen Ihrer Art und griff hinterrücks an — weil ihm diese Fechtweise am meisten zusagt.

Ist etwa Ihr letztes Machwerk keine Intrigue Ihres Herrn? Nur er und er ganz allein hat den Gedanken dazu gefaßt und Sie, dessen närrische Eitelkeit er kannte und stets zu gebrauchen wußte, wissentlich verleitet, die gröbsten Lügen zu sagen und sich mit Schmach zu bedecken. Denn schon vor Monaten wurden ihm vom Staatsanwalt, Herrn Mörner, die von mir später zu erwähnenden Atteste vorgezeigt, welche alle Ihre Lügen über meinen Aufenthalt in Hamburg und Rio zu Schanden machen; Scabell wußte also, daß Sie logen, aber er ließ die Lügen zu, weil er durch Ihr Machwerk die hohen Fürsten, die Minister und die öffentliche Meinung irre führen wollte — um sich seine 1500 Thlr. zu erhalten.

Sind es nicht Intriguen der schändlichsten Art, daß Scabell weder die Baugläubiger noch die Hypothekenzinsen bezahlt und daß er hierdurch die von mir herangeschafften und auf lange Zeit gesicherten Kapitalien sofort verfallen macht — damit Herr Wallner und ich nur gar nicht weiter danach verlangen sollen, die Verwaltung wieder zu übernehmen.

Ich denke, dies Alles sind recht hübsche Intriguen, recht geeignet, den Mann in's beste Licht zu stellen, für den Sie Ehre und guten Ruf so leichtsinnig in die Schanze geschlagen haben.

Und daß Sie diese Intriguen kannten, weil Sie dabei Helfershelfer waren und mich dessenungeachtet wahrheitswidrig beschuldigten, das bringt mich zu der Ueberzeugung, daß Ihre prahlerische Behauptung: „das Victoria-Theater habe Ihnen niemals einen Thaler eingebracht", ebenso gelogen ist, wie Ihre übrigen Behauptungen.

Freilich werde ich Ihnen dies nie beweisen können, denn Ihr Herr ist ja unverantwortlich und hat Niemandem Rechenschaft über meine Gelder zu geben; wenn ich aber erwäge, daß Sie selbst kleine Schulden nur nach langem Mahnen, ja selbst erst nach lan=

gen Klagen, bezahlen, daß gegen Sie die Execution vielfach frucht=
los ausgefallen ist, daß Sie fortgesetzt von Executoren schon überall
gesucht, ja später selbst von der Polizei, weil die Executoren Sie
niemals finden konnten, verhaftet worden sind, daß Sie nur
durch allerhand Lügen und Schwindeleien sich der Ableistung des
Manifestationseides zu entziehen gewußt haben; wenn ich sehe, daß
Sie Ihre Ehre als Pfand für die infamsten Lügen einsetzen —
dann bin ich auch berechtigt anzunehmen, daß Ihr ganzer Zorn
gegen mich und zwar mit meinem Gelde erkauft ist.

Den Schluß Ihrer Lügenschrift bildet, außer der Ihre Feig=
heit kennzeichnenden Erklärung, daß Sie auf keine Erwiderung
antworten, daß Sie Niemandem Satisfaction geben würden, weil
ich und alle meine Anhänger nicht satisfactionsfähig seien — ich
möchte auch den sehen, der Ihren Leib anders, als mit der Peitsche
traktirte — diesen Schluß also bildet eine ebenso lächerliche wie ge=
meine und unwahre Schmähung meiner Person.

Sämmtliche Behauptungen, welche Sie in dieser Beziehung
anführen, sind erlogen; auch nicht ein einziges Wort ist davon
wahr, daß ich gegen meine Mutter intriguirt oder sie nicht mit
der Achtung behandelt hätte, welche ihr als meiner Mutter gebührt.
Hätten Sie auch nur die geringste Lust gehabt, die Wahrheit zu
schreiben, so hätten Sie aus den vorhandenen Akten sich überzeugen
können, daß Ihre Andeutungen nicht mich treffen. Aber Sie haben
ja überall mit dem größten Leichtsinn und der infamsten Gewissen=
losigkeit gehandelt, weshalb sollten Sie denn hierbei sich anders be=
nommen haben.

Die Geschichten, welche Sie über mein Benehmen gegen meine
Schauspieler erzählen, sind ebenfalls entstellt und erlogen. Da Sie
dieselben erwähnen, muß ich leider die ganze Wahrheit mittheilen.

Der Schauspieler E. hatte die Gewohnheit, an jedem Abend
die gefüllten Oellampen zu leeren, deren Inhalt in eine hierzu
mitgebrachte kleine Flasche zu füllen und demnächst versteckt mit
sich zu nehmen. Eines Tages brachte der Illuminateur Lips=
pacher oder Jeicke mir eine dieser gefüllten Flaschen mit der Er=
klärung, er habe sie dem E. soeben aus der Rocktasche genommen.

Ich ließ nun E. kommen und erklärte ihm, daß ich ihn entlassen müßte. E. bat mich aber so flehentlich, ihn nicht unglücklich zu machen, daß ich mich bewegen ließ, ihn zu behalten und es bei einem Verweise bewenden ließ. Die Zeugen für diesen Vorfall leben noch. Es sind außer Lippacher und Zeicke die Herren Kiß, Runge, Knoch, Ohm und Schmidt.

An den Geschichten mit den Choristinnen ist nicht ein Wort wahr. Ich fordere Sie hiermit auf, die Wahrheit Ihrer Behauptungen zu beweisen — Sie sagen ja, daß die Zeugen zur Stelle sind.

Sie kennen auch — wie Sie sagen — mein Leben in Hamburg und in Rio.

Nun damit Sie es ordentlich kennen lernen, lesen Sie Sich einmal meine Atteste durch, die hiermit folgen:

Uebersetzung. prod. Apr. 14, 1841.
Sr. Herrlichkeit dem Friedensrichter des Bezirks St. José
Nr. 45.

Stpl. 41. Nr. 1391. bezahlt Achtzig Rs. Stempelgebühr.
b. 10. April 1841. Ro. b. 23. Februar 1838.
(gez.) Rego.

Rudolph Cerf sagt, wohnhaft in der Straße Cotovello Nr. 27, daß er zu seiner Gerechtsamkeit benöthigt ist, daß der Schreiber dieses Richters, ihm am Ende dieses bescheinigt, ob irgend ein Viertels-Commissair des Bezirks irgend eine Klage, Denunciation oder Anzeige gegen den Bittsteller oder dessen Haus gegeben hat, wodurch die Ehre desselben gefährdet werden könnte. Bittet ihre Herrlichkeiten so zu befehlen.

C. R. M.

Dispache auszufertigen Rio, den 21. Febr. 1838.
Rogera da Sa.

Fernando Caitano da Silva Calbas, Schreiber des Friedensrichters vom ersten Bezirk des Kirchspiels St. José dieser Stadt Rio de Janeiro, Hauptstadt von Brasilien;

Bescheinige, daß ich nichts in meinem Bureau, weder Klage noch Denunciation gegen den Bittsteller Rud. Cerf dessen Haus, vom Viertel-Commissair des Districtes habe.

Das Ausgesagte ist der Wahrheit gemäß, welches ich beglaubige.

Rio, am Ein und Zwanzigsten Februar 1838.

Ich Fernd. Caitano da Silva Calbas, welcher es schrieb und unterzeichnete.

Fernd. Caitano da Sa Calbas.

Dem Wortverstande nach getreulich aus dem Portugiesischen

übersetzt und mit den von mir mit re varietur bezeichneten exhibitа sorgfältig collationiret.

Hamburg, den 10. Aprilis 1841.
(L. S.) gez. J. H. Hübbe, Not.,
Translator juratur.
Die Richtigkeit der Abschrift wird attestirt.
Hamburg, den 28. Septbr. 1846.
Der Senator Chef der Polizei.
(L. S.) Binder.

Ich Endesunterzeichneter, ehemaliger Königlich Preußischer General-Consul für Brasilien, bescheinige hiermit der Wahrheit gemäß, daß Herr Rudolph Cerf jun. in meinem ehemaligen Handlungs-Hause unter der Firma Wm. Theremin & Co. in Rio de Janeiro, ohngefähr zwei Jahre lang, während meiner Abwesenheit unter Leitung meines Associé Herrn Augto. Tavel, conditionirte, und es nur verließ, um sich Selbstständig zu etabliren.

Ferner, daß ein mir vorgelegtes, aus dem portugiesischen übersetztes Zeugniß des Friedensrichter des Kirchspiels Sa José, ausgestellt durch den Schreiber Herrn Fernd. Caitano da Silva Caldas, Rio de Janeiro am 20. Februar 1838, in der in Brasilien Landesüblichen Form abgefaßt ist.

Urkund dessen habe dies Zeugniß mit meiner Namensunterschrift und Siegel versehen. Berlin, den 15. Mai 1848.
(L. S.) Wm. Theremin.
Unter den Linden 78.

Sie erwähnten in Ihrem neulichen, von mir veröffentlichten, Drohbriefe, der so recht Ihre Furcht vor meiner Erwiderung an den Tag legte, des hiesigen Herrn Theremin. Nun Letzterer ist der Sohn des Herrn, der mir obiges Attest gegeben, der Ihnen nichts Nachtheiliges über mich gesagt haben kann, — und wie wäre es auch mit der Amtspflicht und Ehrenhaftigkeit desselben zu vereinigen gewesen, 23 Jahre lang über diese Schandthaten zu schweigen, um sie dann Ihnen, dem staatlich und öffentlich Entehrten, mitzutheilen.

Ueber meinen Aufenthalt in Hamburg sprechen folgende Atteste:
Hamburg, den 29. April 1848.
Die Polizei-Behörde
bescheinigt dem Kaufmann Hr. Carl Rud. Cerf aus Berlin, daß derselbe sich während seines hiesigen Aufenthaltes von 1838 bis 1847 durchaus nichts Nachtheiliges zu Schulden hat kommen lassen, vielmehr sich gut geführt hat. Der Senator, Chef der Polizei.
(L. S.) C. A. Goßlerd.

Dem Herrn Rudolph Cerf aus Berlin bescheinigen wir auf seinen Wunsch gerne, daß wir, in dem Zeitraum von 8 Jahren, während welchem wir denselben kennen, bei den vielfachen Geschäften, die gegenseitig vollzogen sind, immer von Neuem Gelegenheit hatten, denselben als einen rechtlichen braven Mann, der seinen jeweiligen Verpflichtungen stets mit Gewissenhaftigkeit nachgekommen, kennen zu lernen, und dem wir deshalb im Gegenwärtigen einen neuen Beleg unsrer vollsten Achtung darbieten.

Hamburg, den 1. Mai 1848.
(L. S.) T. W. Kroll & Kopp.

Herrn Rudolph Cerf aus Berlin können wir nach Ueberzeugung das Zeugniß ertheilen, daß wir ihn seit Jahren als achtbaren und rechtlichen Mann kennen.

Hamburg, den 1. Mai 1848.
(L. S.) E. Frommann & Co.

Herr Rudolph Cerf, Sohn des S. T. Herrn Commissionsrathes Cerf à Berlin, ist seit primo October in unseren Geschäften als Reisender emplacirt. Daß derselbe in diesem Zeitraume sich durch Thätigkeit, Moralität und Character unsere Zufriedenheit erworben, drücken wir demselben, auf dessen Wunsch mit vielem Vergnügen hiemit aus.

Hamburg, im Mai 1840.
J. F. Grissons Nachfolger.

Hierdurch bezeugen wir mit Vergnügen dem Herrn Rud. Cerf, daß derselbe sich während der Dauer seines Engagements in unserem Geschäft, in jeder Beziehung als ein thätiger, ordentlicher und rechtlicher Mann bewiesen hat.

Hamburg, den 25. Juni 1843.
Schädtler sen. & Co.

Also auch hier haben Sie erbärmlich gelogen, auch hier befinden wir Beide uns im directen Gegensatz:

Mir bezeugt man überall meine gute Führung, meine Ehrenhaftigkeit, Sie sind entehrt und im Gefängniß gewesen, weil Sie in Ihres Königs Haus eingebrochen sind.

Und nun endlich mein Mohr und mein Haus in der Elnbogenstraße 23 zu Rio — während meiner Anwesenheit in Rio gab es eine solche Straße gar nicht — was soll ich Ihnen auf diese fabelhaften und lügenhaften Andeutungen anders erwidern als:

Sie haben gelogen, Sie haben sich auch hier unsterblich blamirt.

Kommen Sie hervor, Sie feiger Verleumder, mit Ihren Beweisen, theilen Sie Ihre Fabeln mit, bringen Sie Ihre Zeugen, holen Sie die Acten des Ministeriums hervor, lassen Sie den Telegraphen spielen — wie kindisch und unwissend Sie sind, einen Telegraphen nach Amerika spielen lassen zu wollen — ich fordere Sie hiermit auf, Ihre Verdächtigungen zu beweisen.

Diesen gemeinen Verdächtigungen gegenüber halte ich es für meine Pflicht, auch noch sprechendere Beweise, als meine obigen Atteste, zu bringen, nicht Ihnen, aber dem Publicum, zu dem ich mittelst Ihrer jetzt sprechen muß.

Ich will nichts davon erwähnen, daß ich der Erste war, der im Jahre 1848 patriotische und höchst erfolgreiche Vereine gründete; ich habe nicht das Recht, Beweise dafür zu erbringen, welche Gnadenbezeigungen mir Allerhöchste Person haben zu Theil werden lassen, ich will hier nur Stellen aus zwei Briefen des verstorbenen Ministers von Ladenberg anführen, eines Mannes, der selbst in seiner Gegner Augen in höchster Achtung stand.

Diese Stellen lauten:

Es wird mich freuen, wenn ich mit meinen schwachen Kräften Ihnen, mein bester Serf, nützlich sein und beweisen kann, wie hoch ich den von Ihnen an den Tag gelegten Patriotismus ehre.

In aufrichtiger Hochschätzung

3. April 1851.
Ihr ergebenster
Ladenberg.

In der Ueberzeugung, daß Sie Ihre bewährten Verdienste um das königliche Haus hier nicht in Schatten stellen werden, bin ich mit den besten Wünschen für eine endliche baldige günstige Gestaltung Ihrer Zukunft und in aufrichtiger Theilnahme mit bekannter Hochschätzung

Potsdam, 24. Mai 1852.
Ihr ganz ergebenster
Ladenberg.

Und was haben Sie, der mich so gemein und unwahr zu schmähen wagt, dagegen gethan?

1) Sie sind ein ebenso unfähiger, wie pflichtvergessener Beamter gewesen.
2) Sie haben Ihres Königs Haus, an der Spitze einer überlegenen bewaffneten Bande — denn nur mit Tausenden

hinter sich, haben Sie Muth — beraubt und sind deshalb mit entehrender Strafe belegt worden.

3) Sie, der deutsche Demokrat, haben Sich zu kaiserlich franzöſiſchen und königlich ſardiniſchen Zwecken benutzen laſſen, denn Sie haben Ihre Bücher über die italieniſchen Zuſtände aus franzöſiſchen und italieniſchen Zeitungen abgeſchrieben, oder dafür direct von der hieſigen ſardiniſchen Geſandtſchaft Mittheilungen erhalten. Sie ſind niemals in Parma und Modena geweſen und doch haben Sie über dortige Zuſtände in der abſprechendſten Weiſe geurtheilt nach fremden Zeitungen — die im franzöſiſchen und ſardiniſchen Intereſſe die Thatſachen entſtellt haben.

4) Sie haben gelogen, wo Sie nur die Feder ergriffen oder den Mund aufgethan haben. Sie haben Sich unwürdig gemacht, in irgend einer anſtändigen Geſellſchaft zu erſcheinen.

Ich denke, das iſt ein recht nettes Sündenregiſter — und es würde noch viel größer gemacht werden können, wenn ich nicht und mit mir alle Ihre Bekannten der innigſten Ueberzeugung wären: **daß Sie verrückt ſind und daß eigentlich die Charité Sie aufnehmen müßte!**

Sie ſind verrückt vor Eitelkeit, Sie wollen mit Gewalt Ihren Namen in der Oeffentlichkeit genannt wiſſen, ſelbſt wenn er dadurch mit Schmach bedeckt wird. Nachdem die Polizei Sie ganz außer Acht gelaſſen hat, weil ſie ſich längſt überzeugt, daß Sie als Demokrat der unſchuldigſte Menſch auf Gottes Erdboden, daß Sie der feigſte Maulheld ſind, nachdem die Zeitungen die von Ihnen ſelbſtgeſchriebenen Reclamen Ihrer Machwerke nicht mehr aufnehmen wollen, weil Sie bis zum Ekel aufdringlich und unverbeſſerlich arrogant ſind, nachdem man ſelbſt im Victoria-Theater nur über Ihr Benehmen lachte und Sie mit Ihrem ſtereotypen: „Nun wie gefällt Ihnen unſer Theater", „unſere Oper", nur Hohn und Spott Sich zugezogen hatten, brauchten Sie wieder einige Nahrung für Ihre Narrheit — und Sie ſchrieben die Lügenſchrift, die Sie für immer vernichtet hat.

Sie sind wahrlich mehr zu bedauern, als zu verachten, denn Sie sind — verrückt und unzurechnungsfähig — und in dieser Ueberzeugung schließe ich mit dem wohlgemeinten Rathe:

„Gehen Sie in die Charité!"

Im Uebrigen empfehle ich mich Ihnen mit derselben Gesinnung, welche sich in dieser Abfertigung überall kund giebt.

R. Cerf.

Nachschrift.

Sie zwingen mir noch einmal die Feder in die Hand, aber zu meiner Freude, denn nun sieht doch die ganze Welt, wie kläglich es mit Ihnen und Ihren Beweisen bestellt ist und welche Begriffe Sie von einem Manne haben, der seine Ehre zum Pfande für die Wahrheit seiner Behauptungen einsetzt.

Wenn es wirklich in Berlin Jemanden gegeben hat, der Ihrem ersten Machwerk Glauben schenkte, das zweite, die Aufführung Ihrer Beweismittel, muß ihn überzeugt haben — ein wie elender Verleumder Sie gewesen sind.

Also auch nicht in einem Punkte haben Sie bündige Erklärungen von anderen Personen erhalten können, als von Menschen, die im Abhängigkeitsverhältniß zu Scabell stehen? — und diese Zeugnisse sind nicht einmal beglaubigt, ja, der größte Theil ist sogar ohne Namen?

Sie dauern mich wirklich so sehr, daß ich fast die Kurkosten für Sie in der Charité bezahlen möchte — wenn ich nicht durch Ihren Herrn gar so arm gemacht worden wäre.

Den großen Theil Ihrer Beweise habe ich bereits in meiner obigen Abfertigung widerlegt, also hier nur noch einige Worte.

Wie man hier mit Kegel verfahren, habe ich bereits angegeben. Ich berufe mich auf das Zeugniß des Herrn Direktor Wallner, daß ihm Kegel selbst in Hamburg dasjenige erzählt hat, was ich eben mitgetheilt habe. Kegel hat sich dabei in der schärfsten Weise über Scabell und Sie ausgesprochen. Ihre beiden Zeugen sind, nebenbei bemerkt, die Intimi Ihres Herrn, sie trinken seinen Caffee und drücken seine Loge. Kennen Sie das Sprüchwort: „Gleich und gleich gesellt sich gern"?

Was Sie über mein Betragen und meine Bestrafung in Rio sagen — nun, das amtliche Zeugniß der Behörde ist ja vorn bereits abgedruckt.

Ueber meinen notorisch schlechten Ruf in Hamburg verlangen Sie Zeugnisse der Polizeibehörden von Hamburg und Berlin. Mit Ersterem habe ich Ihnen bereits gedient, das Zweite möge hier seinen Platz finden:

Dem Kaufmann Herrn Carl Rudolph Cerf, 39 Jahr alt, aus Berlin gebürtig, wird behufs der Vorlegung bei dem Königl. Haus=Ministerium, auf den Grund amtlicher Ermittelungen glaubhaft bescheinigt, daß derselbe während seines Aufenthalts hieselbst, so viel diesseitig bekannt geworden, sich gut geführt hat.
Berlin, den 18. Mai 1848.
(L. S.)
Königliches Polizei=Präsidium IV. Abtheilung.
Falckenberg.

Es ist wahrhaft zum Lachen, wie Sie sich blamirt haben.

Jetzt zu dem Schauspieler Eichenwald sen. — ich wollte ihn nicht nennen, da er es aber nicht anders haben will, so möge sein Name hier stehen.

Ich habe bereits oben die Zeugen dafür genannt, daß er mich fortgesetzt um Oel bestohlen. Jetzt hat sich auch noch Herr Helmerding mir als Zeuge für die Wahrheit dieser Behauptung genannt.

Wenn die That nicht schon verjährt wäre, ich denuncirte Eichenwald noch heut.

Welche Glaubwürdigkeit hiernach der angebliche Brief einer namenlosen Choristin verdient — mögen Sie Selbst ermessen. Ich fordere Sie nochmals auf, mir die Choristin zu nennen, erst dann werde ich Ihnen antworten können.

Daß ich die Nichtigkeitsbeschwerde in dem Langhans'schen Proceß eingelegt, ist Ihnen ein Beweis dafür, daß ich nie Verträge halte. Hier der Brief meines Rechtsanwalts, der mir die Einlegung des Rechtsmittels zur Pflicht macht.

Geehrter Herr Director!

In Sachen Langhans wider Sie würde ich die Einlegung der Nichtigkeitsbeschwerde für rathsam halten. Wie die Sache liegt, hätte meines Ermessens unbedingt auf Abweisung in der angebrachten Art erkannt werden müssen. Es sind offenbar die klaren Vorschriften des §. 408 seq., Tit. 5., I. Allg. Landrechts und §. 227, Tit. 13, I. 1. c. verletzt

Berlin, den 9. Mai 1859.

ergebenst
Rechts-Anwalt
Härtel,
Königsstraße Nr. 28.

Jetzt kommt ein Brief mit R. unterzeichnet, nach welchem das Mißtrauen gegen mich während meiner Geschäftsführung in der Charlottenstraße ein allgemeines war. Was muß das wohl für ein Mensch sein, der bei solchem Zeugniß seinen Namen nicht zu sagen wagt.

Hier haben Sie dagegen ein anderes Zeugniß, das Ihnen freilich nicht so gut behagen wird:

Unter der Theaterführung des Herrn Director R. Cerf in der Charlottenstraße, war ich als Kassen-Rendant angestellt. Ich hatte alle Geldgeschäfte nur allein zu besorgen und ist mir niemals vorgekommen, daß von irgend welcher Seite derjenigen Herren, mit welchen ich für Herrn Cerf Geschäfte zu machen hatte, ein Mißtrauen gezeigt, sondern stets alle eingegangenen Verpflichtungen sind auf's Gewissenhafteste erfüllt worden. Dies zur Steuer der Wahrheit. Berlin, den 29. Juni 1860.

Spuhl,
Hirtengasse 11.

Was Sie darauf über Scabell und meine Intriguen gegen ihn sagen, ist von mir bereits widerlegt, ich will mich nicht auf Wiederholungen einlassen — denn ich habe mich mehr wie genug mit Ihnen beschäftigt.

Kommen wir also zu Ende.

Sie treten jetzt hervor mit dem schändlichen Hause, das ich in Rio gehabt haben soll — es ist dies also eine Matrosenkneipe gewesen. Wenn man Matrosen als Wirth bedient, ist man Ihrer Ansicht nach ein ehrloser Mensch, wahrscheinlich haben in Ihren Augen nur die Wirthe Ehre, welche Geheimeräthe bedienen.

Es ist doch wahrlich zu lächerlich, daß Sie, der Sie vorher

den Mund so voll genommen — jetzt sich selbst so fürchterlich
ins Gesicht schlagen und gestehen müssen, das schändliche, liederliche
Haus ist — eine Matrosenkneipe gewesen. Cerf ist also ehrlos,
weil er in ehrlicher Weise Wirth gewesen ist.

Und mein Mohr? Weshalb zeigen Sie denn der Polizei nicht
an, was ich mit ihm gemacht habe. Ich fordere Sie auf, das zu
thun, dann wird Ihre Lächerlichkeit ganz aufgedeckt werden.

Doch es ekelt mich an, mich noch weiter mit Ihnen zu be=
fassen, daher hier nur die Versicherung, daß ich längst Ihre Be=
strafung wegen Verleumdung bei der Staatsanwaltschaft beantragt
habe, daß Ihr sehnlichster Wunsch, mir vor Gericht gegenüber zu
stehen, damit Sie die Beweise für Ihre Lügen und Verleumdungen
bringen können, also jedenfalls in Erfüllung gehen wird.

Im Uebrigen hat Sie der Charivari mit Ihren Beweismitteln
so abgefertigt, daß ich mir nicht versagen kann, dieser Abfertigung
hier Raum zu geben:

Mein armer Doctor beider Rechte!
Ich soll mich also wirklich noch einmal mit Ihnen befassen?
Warum schreiben Sie aber auch nach dem Fiasco, welches Ihr
erstes Libell gemacht hat, gleich ein zweites, und zwar noch dazu
gegen Ihr heiliges Versprechen und Ihre ehrenwörtliche Erklärung,
allen vorhergesehenen Angriffen ein stolzes Schweigen der Verach=
tung entgegen setzen zu wollen? Warum schreiben Sie nach Ihrer
ersten, überaus albernen Brochüre noch eine zweite, die grade um
so viel reicher an Albernheiten als ärmer an Blättern ist, denn
die erste? Warum schreiben Sie nach einem Libell, welches wenig=
stens noch das Verdienst hatte, originell zu sein an Sottisen,
noch ein anderes, in welchem auch diese Waffe schon abgenutzt und
stumpf ist, so daß sie selbst den Freunden des Scandals ekelhaft
werden muß? Warum geben Sie sich dadurch, daß Sie die so=
genannten „Beweismittel" für Ihr erstes Machwerk nachträg=
lich drucken lassen, das Dementi, zu bekennen, daß Sie früher die
gröbsten Beschuldigungen ohne Beweismittel in die Welt gerufen
haben? Und besonders, warum nennen Sie dies Ihr Opus II.
„Beweismittel", da es doch in den wesentlichsten Punkten außer
einigen Attesten von Leuten, die mit ihrer Existenz von Herrn
Scabell abhängig sind, und die diese Atteste ersichtlich nach Dictat
geschrieben haben, Nichts verbringt als eine Provocation auf das
Zeugniß des Herrn Scabell selbst, von dessen Zeugnißwerthe wir
doch nachgerade Proben erhalten haben; so wie die sehr wohlfeile
Hindeutung auf später noch vorzubringende Beweismittel? —

Entweder Sie müssen Ihren Verstand allmälig ganz und gar verloren haben, oder Sie müssen von vornherein der Ansicht sein, daß das Publikum ganz und gar keinen besitzt. Denn das werden Sie Sich doch nicht am Ende einbilden, den „Publicist" und die „Gerichtszeitung" dadurch aus Ihren Widersachern zu Ihren Freunden und Wortführern beim Publikum zu machen, daß Sie Ihre Gesinnungs= und Charakterlosigkeit so weit treiben, um dem ersteren jetzt mit einem Male um den Bart herum zu gehen, und der letzteren Sammetpfötchen zu machen?! Nein, dazu sind beide Blätter doch wahrhaftig zu ehrenwerth; und Sie möchten Sich sehr verrechnen, wenn Sie Sich einbilden, sie würden nun schnell Ihre Fahne aufstecken, da Sie ihnen sagen: Sie hätten's nicht so bös mit ihnen gemeint! —

Doch am Ende hat es ja der „Charivari" nur mit sich und Ihnen zu thun, ist aber zum Glück für seine Leser in der Lage, Sie mit wenig oder doch nicht allzuviel Worten abthun zu können.

Von den versprochenen Beweismitteln existirt in Ihrer Brochure kein einziges, welches sich auf die gegen mich oder mein Blatt ausgesprochenen Behauptungen bezieht. Wenn Sie die ganze Stadt zum Zeugniß darüber aufrufen, daß ich monatelang die amtliche Thätigkeit des Hrn. Scabell angegriffen; so ist das sehr lächerlich; denn diese Angriffe habe ich ja noch nie bestritten, und sie liegen offen vor aller Welt Augen da. Aber was wollen Sie denn damit beweisen? Höchstens folgt doch daraus an und für sich nur: daß — weil Hr. Scabell gegen meine Angriffe geschwiegen hat, statt zu klagen, wie er es doch bei der geringsten vermeintlichen Beleidigung gethan, — diese meine Angriffe wohl begründet gewesen sind. — Aber Sie reden auch von tendenziösen, fortgesetzten Angriffen. Charmant! Aber was beweisen Sie denn damit wieder? Nichts, als daß Hr. Scabell in seiner amtlichen Thätigkeit fortgesetzt und in solcher Menge angriffswürdige Handlungen gethan hat, um meinerseits erst das Material in Monaten bewältigen zu können. — Das wäre ja recht schön und bequem für einen Beamten, wenn er seinen Angreifer damit verdächtigen könnte, daß er bewiese: er werde von ihm fortgesetzt angegriffen. Er brauchte alsdann nur Tag für Tag verwerfliche Handlungen zu unternehmen, um sicher zu sein, mit den Angriffen dagegen verschont zu werden; und Derjenige, dem nun ein oder das andere Mal etwas Menschliches passirte, wäre um Vieles schlechter dran als er. — Höchst seltsam wahrlich! einen Angriff durch seine Continuität verdächtigen zu wollen, wenn man für die Continuität des Angriffsstoffes gesorgt hat!

Noch viel possirlicher aber ist es von Ihnen, mein armer Doctor beider Rechte, — (ich nenne Sie nämlich mit dem Ausdrucke des Mitleids arm wegen des Verlustes, den Sie offenbar

Möge nun, nachdem ich und Sie Ihre Beweise gebracht haben, das Publikum über uns Beide urtheilen! Was jeder ehrenhafte, rechtliche Mensch urtheilen wird, weiß ich. Er wird mit mir den wohlgemeinten Rath wiederholen:

Doctor beider Rechte, gehen Sie in die Charité!

R. C.

Erklärung des Verlegers.

Die in obiger Schrift des Herrn R. Cerf mitgetheilten Schriftstücke liegen bei mir zu Jedermanns Einsicht bereit.

Carl Nöhring, Prinzenstr. 25.